W0188422

Was kostet Design?

Kostenkalkulation für Designer und ihre Auftraggeber

© 1998 Verlag form GmbH,
Frankfurt am Main
ISBN 3-931317-08-0
Alle Rechte vorbehalten

Gestaltung:
Sarah Dorkenwald
Absatz, Gesellschaft für
Kommunikations-Design,
Frankfurt am Main

Redaktion:
Karin Beiküfner

Lektorat:
Katja Tuschy

Druck:
Elektra, Reprografischer Betrieb GmbH,
Niedernhausen

Die Deutsche Bibliothek –
CIP-Einheitsaufnahme
Busse, Rido:
Was kostet Design? : Kostenkalkulation
für Designer und ihre Auftraggeber /
Rido Busse. - Frankfurt am Main :
Verl. form, 1998 (Praxis)
ISBN 3-931317-08-0

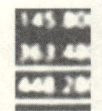

Was kostet Design?

Kostenkalkulation für Designer und ihre Auftraggeber

Verlag form

Inhaltsverzeichnis

1.   Einleitung

"Über Geld spricht man nicht", sagt ein altes Sprichwort – man hat es. Schön für Sie, wenn Sie Designer sind, sich vor Aufträgen nicht retten können und nicht mehr wissen, wie Sie Ihre Honorare steuersparend anlegen sollen.

Wenn Sie Unternehmer sind oder in verantwortlicher Position mit Designdienstleistern zusammenarbeiten – oder dies vielleicht erst vorhaben –, werden Sie darüber sicher anders denken.

In Zeiten eines immer härteren Wettbewerbs kann es sich heute kein Unternehmen mehr leisten, die Kostenseite zu vernachlässigen, unabhängig davon, welche Dienstleistung es einkauft. Anders ausgedrückt: Leistung und Kosten müssen in einem verständlichen, möglichst nachrechenbaren Verhältnis stehen. Das gilt natürlich auch für Designer, ganz gleich, ob Sie als Ein-Mann/Frau-Unternehmen arbeiten oder einen Betrieb mit 70 Mitarbeitern führen, wie ich es tue.

Wo liegt nun das Problem?

Im Unterschied zu vielen anderen Dienstleistungen und Berufsgruppen gibt es für Designer keine verbindlichen Honorarsätze. Der Berufsstand ist nicht verkammert, es gibt keine Gewerkschaften, und das bedeutet: Jeder muß sein Honorar mit dem jeweiligen Auftraggeber aushandeln. Umgekehrt heißt das auch, daß ein Auftraggeber das Preis-Leistungs-Verhältnis in jedem Einzelfall selbst bewerten und selbst beurteilen muß, ob das Angebot, das ihm vorgelegt wird, richtig, angemessen und gerechtfertigt ist. Was kostet Design? Was darf Design kosten? Und wie "rechnet sich" Design – für den Designer wie auch für den Unternehmer, der diese Dienstleistung in Anspruch nimmt? Darauf werde ich auf den folgenden Seiten Antworten geben, die nicht nur für Anfänger eine Hilfe sein sollen, sondern anhand derer jeder selbständige Designer seine eigene Kalkulation und Angebotspolitik kritisch überprüfen kann.

Die Notwendigkeit, über Geld zu sprechen, ist inzwischen auch von den Berufsverbänden und Design-Institutionen erkannt worden, die zum Teil nützliche Handreichungen anbieten [beispielsweise AGD (Hg.), Vergütungstarifvertrag für Design-Leistungen; BDG (Hg.), Honorare und Konditionen im Designbereich; DDV (Hg.), Design Honorar und Verträge; Design Zentrum Hessen (Hg.), Design Leitfaden für kleinere und mittlere Unternehmen].

Wer erwartet, daß dieses Buch in Form langer Listen sämtliche denkbaren Designleistungen mit den dazugehörigen Preisen präsentiert, den muß ich leider enttäuschen: So individuell und unterschiedlich die Produkte sind, die Designer entwickeln und gestalten, so individuell ist auch der Preis, der dafür angemessen ist. Individuell heißt jedoch nicht: ganz und gar beliebig, undurchschaubar. Auch wenn manches Angebot und manches Ausschreibungsergebnis diesen Eindruck vermittelt, was ich oft verdutzt erfahren mußte!

Vor einigen Wochen bat uns ein großer Büroartikelhersteller um ein Angebot für die Weiterentwicklung und Konstruktion eines Flip-charts. Der Auftraggeber, mit dem wir schon häufiger – in großen Intervallen – zusammengearbeitet hatten, kam zu uns, erklärte, was sich die Firma vorstellte, und fragte, wieviel das koste. Ich gab ihm ein Blatt Papier. "Sie rechnen jetzt, und ich rechne, dann vergleichen wir", schlug ich vor. Er kam auf einen Betrag von

1.

DM 140.000, ich hatte rund DM 135.000 auf meinem Zettel stehen. Wir würden vermutlich miteinander ins Geschäft kommen, das mußte nur noch vom Einkauf des Unternehmens bestätigt werden; busse design ulm sollte das Angebot definitiv formulieren und schicken. Nach zwei Wochen rief mich peinvoll der Entwicklungschef an: Er druckste herum, es täte ihm furchtbar leid, aber busse design ulm werde den Auftrag nicht bekommen. Ich wollte natürlich wissen, weshalb. Die Firma hatte noch andere Designbüros um Angebote gebeten, "und die Geschäftsleitung hat sich für das günstigste Angebot entschieden", hörte ich. Es interessierte mich, welchen Preis die Kollegen kalkuliert hatten: "DM 10.000", sagte er, "aber sie erhöhten das Angebot nach einem weiteren Gespräch auf DM 26.000." Das teuerste Angebot hätte, sagte unser Manager – wohlgemerkt für ein und dieselbe Aufgabe! – bei DM 900.000 gelegen. Der Unterschied zwischen dem preiswertesten Angebot und dem teuersten betrug 3500%. Ich habe die Honorarkalkulationen nicht selbst gesehen, aber die Geschichte zeigt deutlich, wo das Problem liegt. Bei einer Dienstleistung, die derartig abstruse Angebotsunterschiede produziert, kann irgend etwas nicht in Ordnung sein. Entweder handelte es sich bei dem Extremanbieter um einen Abzocker im Hochpreisbereich oder aber um ein Prohibitionsangebot, das heißt, man wollte den Auftrag eigentlich gar nicht. Beim Niedriganbieter gibt es wieder zwei Möglichkeiten: Entweder totale Inkompetenz, oder man hoffte, durch Dumpingpreise mitzumischen, um später zuzulangen. Wie das Ganze ausgegangen ist? Wegen der unbefriedigenden Ergebnisse, die der Billigheimer lieferte, hat das auftraggebende Unternehmen die Entwicklung ins eigene Haus genommen.

In einem anderen Fall hatte ich die Gelegenheit, zumindest zu sehen, wie manche Kollegen auf solche Summen kommen. Ein Unternehmer suchte einen Designer zur Entwicklung und Gestaltung eines Produkts mittlerer technischer Komplexität, das nach Vorstellung des Auftraggebers "gefälliger" gestaltet werden sollte, bei verbesserter Handhabung und verstärkter visueller Anmutung. Die Verwandtschaft mit dem Vorgängermodell sollte jedoch erhalten bleiben bzw. erkennbar sein. Ein junger, schon drei Jahre der Fachhochschule entwachsener Kollege unterbreitete daraufhin folgendes Angebot:

Die Leistungspalette umfaßte eine "gründliche Analyse des bestehenden Produkts", die Erarbeitung von "Verbesserungsansätzen in Form von Skizzen, Zeichnungen, in denen Maße enthalten sind, die der technischen Umsetzung dienen, sowie die Erstellung eines Funktionsmodells zur Überprüfung der Funktionsfähigkeit und der Umsetzbarkeit in der Herstellung – insbesondere der Entformbarkeit bei Spritzgußformen. Dieses Modell dient ebenfalls zur Überprüfung der Handhabung und Ergonomie" und sollte "Aufschluß über den Montageaufwand geben"!

Für diese Entwicklungsleistung, die de facto eine Komplettentwicklung zu nennen ist, setzte der Kollege einen Zeitaufwand von 42 (!) Stunden an – also gerade mal eine Woche.

Obwohl Produktdesigner, bezog er sich in seiner Kalkulation schriftlich auf die Honorarrichtlinien des BDG, also der Kollegen von der Grafiker-Zunft. Das, was er für seine Komplettentwicklung schließlich haben wollte, war dann ein Honorar von DM 4.578, wobei er auch noch eine Reduktion um 10% anbot, falls sich der Auftraggeber anstelle des Funktionsmodells mit farbigen Zeichnungen begnügen würde. Seinem Angebot fügte der Unglückselige dann noch die Bemerkung an, er sei "durch genaue Analyse der

Funktion und Herstellung" zu der Auffassung gelangt, "daß sich
bei der Überarbeitung der Technik eine Teilereduzierung von Zwei-
dritteln ergeben werde" und somit eine Kosteneinsparung geradezu traumhaften Ausmaßes.

An wen ging nun der Auftrag? busse design ulm hat ihn bekommen. Obwohl wir um das Achtfache teurer waren. Ein Discount-
Angebot muß jeden Unternehmer mißtrauisch machen. Es ist
schlicht unprofessionell. Nicht, weil ich den Kollegen bloßstellen
möchte, sondern weil hier gundsätzliche und weitverbreitete
Fehler gemacht wurden, weil sich Exemplarisches daran zeigen
läßt, erlaube ich mir zu diesem Beispiel noch ein paar Detailbe-
merkungen.

Erstens: Was um Himmels willen bringt der junge Anbieter an
Praxiserfahrung mit, wenn er davon ausgeht, eine so umfassende
Entwicklungsleistung in einer Woche durchziehen zu können?
Oder schmeißt er am Ende nur mit eindrucksvollen Vokabeln um
sich, mit denen Erfahrung und Leistungsbreite seines (vermutlich
Ein-Mann-)Betriebes nur vorgetäuscht wird? Zum Vergleich: Bei
busse design ulm jedenfalls werden für einen Design-Auftrag dieses Umfangs rund 200 Stunden kalkuliert. Wer behauptet, das in
einem Fünftel der Zeit schaffen zu können, macht sich bei einem
designerfahrenen Hersteller, und um einen solchen handelte es
sich hier, nur lächerlich.

Zweitens: Wie kommt der Anbieter auf seinen Stundensatz von
DM 109? Er schreibt ihn irgendwo ab, diesmal bei den Kollegen
vom BDG. Das kann man tun, nur: Die Gefahr, daß man sich dabei
selbst in die Finger schneidet, ist größer als die Gefahr, daß der
Auftraggeber mehr zahlt, als er müßte. Denn bei keiner Rech-
nungseinheit vertun sich freiberufliche Auftragnehmer mehr als

bei der Ermittlung ihrer Stundensätze. Viele Designer sind sich gar
nicht bewußt, daß sie ihr eigener Lohndrücker sind, denn sie haben sich niemals klargemacht, was eigentlich alles in den Stundensatz eingehen muß. Eine "gegriffene Zahl" aber kann ich im Ernst-
fall auch nicht verteidigen – eine durch die eigene saubere Buch-
haltung abgestützte schon. Wie busse design ulm den Stundensatz
– das A und O der Kostenermittlung – errechnet, das wird in einem
der nächsten Kapitel ausführlich vorgestellt und läßt sich jedem
Auftraggeber plausibel machen. An dieser Stelle aber noch eine
Bemerkung vorweg: Da bietet der Kollege an, den ohnehin gro-
tesk niedrigen Preis von DM 4.578 noch um weitere 10% zu sen-
ken, wenn farbige Zeichnungen das Funktionsmodell ersetzen
dürfen. Für lumpige DM 450 läßt sich jedoch kein noch so beschei-
denes Funktionsmodell und schon gar kein Prototyp erstellen! Wer
es versucht, zahlt zu, und zwar kräftig. Das gleiche gilt für die be-
hauptete, jedenfalls unaufgefordert erbrachte, kostenfreie Vorarbeit einer Produktanalyse, die nach eigener Aussage so weit ging,
daß von dem zur Überarbeitung ausgeschriebenen Produkt fast
nichts mehr übriggeblieben wäre ("Teilereduktion von Zweidrit-
teln"!). Der Klient, ein gestandener Unternehmer, muß sich, wenn
er so etwas liest, vorkommen wie ein Idiot, weil er das in all den
Jahren nicht bemerkt hat. Seinen Auftraggeber aus der Industrie
zu unterschätzen, ist einer der Kardinalfehler, der eine erfolgrei-
che Zusammenarbeit schon im Ansatz unmöglich macht. Aber
auch dazu später mehr.

Einige Grundgedanken dieses Buches sind in einer Artikelserie der
Zeitschrift form (1994/95) veröffentlicht, die damals auf starke Re-
sonanz stieß und den Anstoß gab, die Fragen der Honorargestal-
tung und Kostenkalkulation von Designleistungen zusammenfas-
send in Buchform zu publizieren. Ich werde außerdem eine Reihe
von Themen ansprechen, die mit Geld auf den ersten Blick nicht di-

rekt zu tun haben, viel jedoch mit einer erfreulichen und erfolgreichen Zusammenarbeit zwischen Designer und Auftraggeber. Denn ob eine Arbeit ihr Geld wert ist, hängt von mehr ab, als von der Höhe des Preises.

Bevor ich Zahlen nenne und Beispiele aus der Praxis von busse design ulm vorstelle, will ich in den beiden folgenden Kapiteln zunächst einige andere weitverbreitete Unklarheiten begriffl cher und grundsätzlicher Art klären. Auch wenn (oder vielleicht weil?) Design heute in aller Munde ist, ist doch keineswegs jedem Unternehmer – und potentiellen Auftraggeber – klar, was Designer leisten können, in welche Schritte sich ein Designprozeß unterciedern läßt und worin beispielsweise der Unterschied zwischen einem Modell und einem Prototyp besteht. In der Verwendung der Begriffe sind Designer bekanntlich oft genauso kreativ wie in der Honorarkalkulation, und das ist kein Ruhmesblatt für diesen Berufsstand.

Buckminster-Fuller, der amerikanische Erfinderphilosoph, den ich noch von der HfG Ulm kannte, sagte vor rund 30 Jahren einmal: "Wenn du Designer sein willst, muß du dich entscheiden, ob du verdienen oder ob du sinnvolle Arbeit leisten willst". Ich bin Designer, und busse design ulm nimmt für sich in Anspruch, sinnvolle Arbeit zu leisten. Und ich kann behaupten: Wir verdienen Geld, und zwar angemessen. Mit einigen Kunden arbeiten wir seit fast 40 Jahren zusammen, die Produktpalette von busse design ulm reicht von der Häkelnadel über Telefonhäuschen bis zu Pistenbullis und Traktoren.

Ich halte es für dringend nötig, über Geld zu reden. Nicht nur, weil in den Unternehmen heute viel härter verhandelt wird. Mit über 40 Industrial-Design-Ausbildungsstätten in Deutschland –

Tendenz steigend – leisten wir uns eine hemmungslose "Überproduktion" an Designern, und es herrscht ein erbitterter Konkurrenzkampf mit der dazugehörenden Heimlichtuerei und Abschottung. Das gilt nicht nur für den kreativen Bereich – wo Zurückhaltung aus wettbewerblichen Gründen selbstverständlich ist –, das gilt auch und gerade für den finanziellen Bereich. Niemand sagt offen, um wieviel er versucht hat, den Kollegen zu unterbieten, indem er Stundensätze berechnet, die weit unter dem Facharbeiterlohn liegen, mitunter sogar unter dem einer Putzfrau. Damit tun die Designer weder sich selbst einen Gefallen noch ihren Auftraggebern.

Mein Freund und Kollege Tassilo von Grolman hat es vor einigen Jahren einmal so formuliert: "Wir Designer gelten immer noch als bunte Vögel, die zwar kreativ denken können, aber nicht in der Lage sind, sich richtig zu verkaufen." Worin besteht die Kunst, "sich richtig zu verkaufen"? Sie besteht, um einem allgemein verbreiteten Irrtum vorzubeugen, keineswegs aus einer großen Klappe und einem Auftreten wie Felix Krullani. Sie besteht vor allem darin, die zu erbringende Leistung in ihrem Umfang und Aufwand realistisch einschätzen zu können und diesen Umfang und Aufwand für den Auftraggeber auch transparent zu machen. Dies wird an unseren Schulen fast nirgends gelehrt. Und weil das so ist, kommt es zu Angeboten wie dem beschriebenen, die nicht nur dem Anbieter einen Bärendienst leisten, sondern die ganze Zunft in Verruf bringen.

Ich weiß, wie schwer es ist, von der Schule den Sprung in die Praxis zu schaffen und sich in dieser Praxis zu behaupten. Eine saubere Kalkulation, ein nachvollziehbares Angebot und eine faire Vertragsverhandlung sind die Basis dafür. Die Qualität der Designleistung vorausgesetzt.

2.   Was leisten Designer?

Die "Preisfrage" bei Designleistungen läßt sich nicht isoliert be-
trachten. Sie ist immer auch eine Frage des Gegenwertes. Was
können Designer leisten? Und was spricht dafür, was dagegen,
bestimmte Entwicklungsleistungen an externe Design-Dienstleister zu vergeben? Für Unternehmer mag das Folgende die eine
oder andere Anregung geben, über die Zusammenarbeit mit einem externen Partner nachzudenken oder sie aus einer anderen
Perspektive zu sehen. Für Designer mag das eine oder andere
Argument im Gespräch mit dem Auftraggeber nützlich sein. Design ist unbestritten eine Waffe im Konkurrenzkampf. Nur was
das für eine Waffe ist und wie man sie handhabt, ist sowohl den
einen als auch den anderen oft recht unklar. Kein Wunder: Der
Begriff Design wird vom Laien zu fast 99%, von den Unterneh-
mern zu 80% und von den Fachleuten immer noch zu 70%
falsch definiert.

Von der Idee zum Produkt

Weder mit der in den 60er Jahren sehr beliebten Formel: "Design sei die kulturelle Verantwortung der Industrie" noch mit
dem liebenswerten Slogan der 70er Jahre: "Design ist der Versuch, unsere Umwelt (die Erde) ein bißchen bewohnbarer zu machen" kann ich einen Unternehmer davon überzeugen, auch nur
eine müde Mark in Design zu investieren.

Wenig hilfreich ist auch die Aussage von C. Obers: "Design ist
Kunst, die sich nützlich macht", eine Sentenz, die Hans Wichmann, Ex-Chef der Neuen Sammlung München, sogar zum Un-

tertitel eines Buches gemacht hat (Hans Wichmann: Industrial Design, Unikate, Serienerzeugnisse. Kunst, die sich nützlich macht. München, Prestel Verlag. 2. unveränd. Auflage, 1990). Wenn Dieter Rams, Ex-Chefdesigner der Firma Braun in Kronberg sagt: "Gutes Design ist möglichst wenig Design", so ist damit nur die ästhetische Funktion angesprochen, vergleichbar dem Spruch des Designers Luigi Colani: "Design ist die Schnittstelle zwischen Mensch und Gerät". Gemeint ist hier nur die Ergonomie und Ästhetik. Auch der Grundig-Werbespruch: "Design ist die Kunst, die neue Werte schafft" dürfte im Gespräch mit einem vielleicht noch unentschlossenen, potentiellen Auftraggeber wenig geeignet sein.

Wie notwendig eine klare Definition ist, zeigen die folgenden zwei Beispiele:

Der Stuttgarter Patentanwalt Dr. rer. nat. Michael Ruff definiert in den Mitteilungen der deutschen Patentanwälte (Herausgegeben vom Vorstand der Patentanwaltskammer. München, Februar 1987) Produktdesign wie folgt: "Produktdesign ist die mit dem Auge sichtbare oder mit dem Körper fühlbare und tastbare farbliche und räumliche Gestaltung von Erzeugnissen. Wir haben es hier weniger mit der Funktion oder Technik und auch nicht mit der funktionellen Qualität eines Erzeugnisses zu tun, sondern mit dessen äußerer Erscheinungsform, die das ästhetische Empfinden des Benutzers der Produkte anspricht. Das Design ist nicht Selbstzweck wie bei einem Kunstwerk. Das Design ist Begleiteigenschaft eines gewerblichen Erzeugnisses, das in der Regel ein Gebrauchsgegenstand ist."

Wenn man schließlich liest, wie Prof. Dr. Michael Erlhoff, als damaliger Leiter des Rates für Formgebung in Frankfurt, Design

2.

definiert, hat man, so glaube ich, noch mehr Probleme mit dem Verständnis: "In einer Zeit, die nicht mehr nur differenter Anschauungen und Ansichten, sondern gründlich neuer Organisationsformen und Funktionsentwürfe bedarf, erweist sich Design als eben diese Kompetenz, komplex und materiell und jenseits von Hierarchien phantasievoll radikal veränderte gesellschaftliche Anforderungen zu erkennen, Beziehungen neu zu flechten und mögliche Problemlösungen vorzustellen oder tentativ in die Praxis umzusetzen. Insofern wird unter potentiellem Verlust der Bindung an eine Profession gegenwärtig Design zur Demonstration konkreter Utopien, denn es ist ebenso von Ökologie betroffen wie von entwickelter Technologie, partizipiert an der Gestaltung von Arbeit nicht minder als an der des Alltags, kommuniziert mit Objekten und Software gleichermaßen, entwirft Systeme unter Obacht des Einzelnen. Design nämlich ist per se verbindlich, Erkenntnis von Bezüglichkeiten und die Präsentation simultaner und egalitärer Logik."

Nun, vielleicht ist meine Kurzdefinition doch noch die verständlichste: "Design ist der Prozeß von der Idee zum Produkt."

Die vier Designkriterien

Übernimmt man den angelsächsischen Begriff Design, so sollte man auch dessen Bedeutung übernehmen. Das Verb "to design" bedeutet entwerfen, skizzieren, aber auch ausdenken, planen; das dazugehörige Substantiv Absicht, Ausführung, Konstruktion, Bau, Muster. Der Designer ist im angelsächsischen Sprachraum der Konstrukteur, der Erfinder, der Zeichner, der Projektierer. Fassen wir das zusammen, so läßt sich Design definieren als "das Entwickeln neuer oder Verbessern vorhandener Produkte".

Der Weg also von der Idee zum Produkt. Entsprechend sind die vier Designkriterien auszumachen (die auch für Dienstleistung Gültigkeit haben):

1. Funktion der Technik
2. Funktion der Fertigung
3. Funktion der Ergonomie
4. Funktion der Ästhetik

Diese Designkriterien sind qualitätsunabhängig. Wollen wir gutes Design definieren, so muß es heißen:

1. Funktion der sicheren Technik
2. Funktion der wirtschaftlichen Fertigung
3. Funktion der selbsterklärenden Ergonomie
4. Funktion der zielgruppengerechten Ästhetik

Das wiederum läßt sich im einzelnen erläutern.

Funktion der sicheren Technik (Technik = Einsatz von Energie und Materie zur Problemlösung)

Jedes Produkt hat eine physikalische, chemische oder physikalisch-chemische Funktion, einerlei, ob Plakat, Medikament, Energieträger, Vase oder Flugzeug. Nur, daß die technischen Funktionsanforderungen bei verschiedenen Produkten von sehr, sehr unterschiedlicher Komplexität sein können.

Ein Plakat funktioniert optisch und ist simpel herstellbar. Einen wasserdichten Behälter, in dem man Blumen sicher fixieren kann, eine Vase also, wird jeder Teilnehmer eines Abendschul-Töpferkurses technisch hinbekommen. Das Flugzeug hingegen

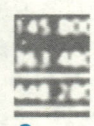

2.

stellt Anforderungen an Spezialisten wie: Ingenieure für Maschinenbau, Leichtbau, Feinwerktechnik, Kunststofftechnik, Elektrik, Elektronik, Pneumatik, Hydraulik usw. sowie Chemiker, Metallurgen, Physiologen, Psychologen und Soziologen, aber auch Ökologen, denn die technische Funktion sollte die Umwelt so wenig wie irgend möglich belasten (Abgase, Recycling).

Funktion der wirtschaftlichen Fertigung (Erschwinglichkeit durch wirtschaftliches Machen)

Auch die Herstellung gehört, was manchen überraschen mag, ins Blickfeld des Designers. Denn Design soll nicht nur sicherstellen, daß unsere Güter so gebrauchsfähig wie nötig sind, sie sollen auch so wirtschaftlich wie möglich produziert werden können, um für den Konsumenten erschwinglich zu sein. Die Fertigungsfunktion ist verantwortlich für möglichst wenig Umweltschädigung während des Fertigungsprozesses und später bei der Entsorgung des nicht mehr brauchbaren Produktes. Eine innovative Fertigung sichert dem Produkt nicht nur einen Vorsprung im Konkurrenzkampf, sie ist auch unmittelbar mit allen anderen Designkriterien verzahnt.

Um ein Beispiel zu geben: Zu busse design ulm kam 1979 ein Unternehmen, das seit 100 Jahren auf nautische Geräte spezialisiert ist. Es ging um die Entwicklung eines Sextanten, Stückzahl 1500 p.a., der in der traditionellen Form in Messingkokillenguß nicht mehr profitabel herstellbar war. Der neue Sextant sollte wieder aus Metall sein, und die Firma ging davon aus, daß das Trägerteil, an dem alle optischen und mechanischen Funktionselemente befestigt sind, im Aluminium-Druckgußverfahren hergestellt werden müsse. Erste Kalkulationen allerdings ergaben für diesen Fall Werkzeugkosten in Höhe von DM 45.000 (1984).

In dieser Situation ging der Hersteller zum Designer. Wir entwickelten ein Trägerteil, das formal so weit vereinfacht war, daß es im Aluminium-Strangpreßverfahren hergestellt werden konnte und dennoch allen Anforderungen der schnellen und exakten Handhabung entsprach. Die Werkzeugkosten hierfür lagen bei DM 3.000. Das Material, eine Knetlegierung, ist zudem durch seine hervorragende Eloxierbarkeit (Oberflächenveredelung) gegenüber Seewassereinflüssen unempfindlich. Die durch die Fertigungstechnik erzwungene, einfache Konstruktion wirkte sich positiv auf die Anmutung des Gerätes aus. Fazit: 30% Kosteneinsparungen für ein besser aussehendes und leichter zu handhabendes Gerät.

Funktion der erklärungsfreien Ergonomie

Die Ergonomie betrifft die Schnittstelle zwischen Benutzer und Gerät. Sie sorgt dafür, daß ein Gerät möglichst erklärungsfrei, sicher und planmäßig in seine technische Funktion gebracht, in dieser Funktion gehalten und außer Funktion gesetzt werden kann. Die Ergonomie versucht, Gestalt und Konstruktion so zu beeinflussen, daß eine optimale Wahrnehmung und Handhabung möglich wird. Ergonomie ist eine Größe, die ins Design eingeht, die sich aber oft unsichtbar macht. Ein unter ergonomischen Gesichtspunkten optimal gestaltetes Gerät wird seine Handhabung visuell eindeutig signalisieren. Es wird sich einfach und sicher gebrauchen lassen, und es wird dem Benutzer die Kontrolle über den gewollten Ablauf dieser Handhabung (einschließlich deren Beendigung) zuverlässig ermöglichen.

Ein Beispiel: Es ist die technische Funktion eines Bürostuhls, ermüdungsfrei, bequem und sicher auf ihm zu sitzen, so daß Arm- und Rückenlehne die Bandscheiben wirklich entlasten. Daß man

aber Rückenlehne, Armstütze, Sitzneigung und Höhe problemlos verstellen kann, ohne sich die Arme zu verrenken und die Fingernägel abzubrechen, verdanken wir den ergonomischen Untersuchungen und Gestaltungen.

Nicht zu glauben, daß sogar renommierte Stuhlhersteller hier Fehler machen.

Funktion der zielgruppengerechten Ästhetik

Mit der Produktästhetik sind wir bei dem Begriff, der dem Laien, und nicht nur ihm, immer zuerst einfällt, wenn er an Design denkt. Dahinter steckt die Vorstellung, Designer seien lediglich Produktkosmetiker, die einem Erzeugnis, das bereits in allen Funktionen der Technik, Fertigung und Ergonomie detailgenau festliegt, noch rasch ein gefälliges Äußeres geben. Dem ist nicht so.

Ästhetik ist die Kraft, die Gefühle schafft. Gefühle, entstanden aus (sinnlicher) Wahrnehmung, plus Erfahrung, plus Phantasie. Gefühle, die positiv oder negativ sein können. Gefühle, die wir uns oder anderen vermitteln oder die uns durch andere oder anderes vermittelt werden. Gefühle, die normalerweise zeitlich begrenzt sind (physiologisches Thema: Adrenaline/Serotonine).

Die Produktästhetik ist die vom Menschen für ein Produkt (oder Dienstleistung) geschaffene Ästhetik. Sei es nun ein Kunstwerk, zum Beispiel ein Bild, eine Plastik, ein Roman, eine Symphonie, ein Theaterstück oder ein Witz, ein handwerklich gefertigter Gegenstand, ein industriell erzeugtes Massenprodukt. Daß wir gelegentlich einen Kristall, eine Landschaft oder einen Regenbogen schön finden, ist Zufall, Erziehung, Gewohnheit. Also von der Natur nicht beabsichtigt.

Die Produktästhetik wird vom Menschen sinnlich wahrgenommen, und zwar durch Helligkeits- und Farbsensoren (= Optik), Drucksensoren (= Akustik), Temperatur- und Drucksensoren (= Haptik) sowie Molekülsensoren (= Olfaktorik und Gustatorik). Die Ästhetik wird bei lernfähigen Lebewesen erst durch zwei Faktoren, die zusammenwirken, wahrgenommen: Erfahrung und Phantasie. Beispiel: Der olfaktorische Reiz "Bratenduft" wird uns nichts sagen, wenn wir nicht aus Erfahrung wüßten, wie Braten duftet und schmeckt.

Mit der Produktästhetik ist der Designer in der Lage, dem Produkt die Anmutung zu geben, die gewünscht wird, wie z. B. Seriosität, Jugendlichkeit, Präzision, Robustheit, Sportlichkeit, Schwere, Leichtigkeit usw. Er kann damit auch Verwandtschaften erzeugen, Zugehörigkeiten zu Programmen, Serien oder auch Lebensstilen.

Der Mensch nutzt die Ästhetik zur Erzeugung von Lust und Unlust, und zwar Zielgruppen entsprechend. Wir operieren mit der Positiv- und Negativästhetik, indem wir damit motivieren: Motivation ist ein Versprechen von Lust und Unlust, das wir uns oder anderen geben (Unlustversprechung = Drohung). Da jeder Schritt, jede Handlung in irgendeiner Form motiviert ist, basiert unser Leben (und das aller Lebewesen) auf zweierlei: 1. Unlustvermeidung. 2. Lustmaximierung.

Es ist möglich, eine Skala aufzustellen, die vom variablen Nullpunkt (weder/noch) in den positiven Bereich über Behagen, Freude, Wonne bis zur Euphorie führt und in den Negativästhetikbereich über Unbehagen, Furcht, Angst, bis zur Panik. Zwischen Behagen und Unbehagen liegt der ästhetische Nullpunkt, den jedes Individuum selbst bestimmt, zum Beispiel daran er-

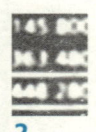

2.

kennbar, daß alte Menschen anderes schön oder häßlich finden als junge, Kinder anderes als ihre Eltern, Kranke anderes als Gesunde, Frauen anderes als Männer, Italiener anderes als Japaner usw. Nicht vergessen sollte man, daß Ästhetik auch zeit- und kulturabhängig ist.

Die Lustskala

+ 4	Euphorie
+ 3	Wonne
+ 2	Freude
+ 1	Behagen
- 1	Unbehagen
- 2	Furcht
- 3	Angst
- 4	Panik

0 = individueller ästhetischer Nullpunkt

Auch Gruppen setzen ihren Nullpunkt und finden sich entsprechend zusammen: weil sie gern Tennis spielen, den Künstler Beuys gut finden oder Kitsch mögen.

Wie stark die ästhetische Funktion wirkt, läßt sich auch daran erkennen, daß das letzte Auswahlkriterium immer die Ästhetik ist: Wenn zwei konkurrierende Produkte in allen Kriterien gleichwertig sind, wird der Kunde dasjenige kaufen, dessen Verkäufer(in) ihn mehr anspricht, ihm sympathisch ist, weil: er/sie schöner aussieht, besser riecht, angenehmer spricht, intelligenter oder kompetenter wirkt oder aber auch: hilfebedürftig, mitleiderweckend usw. ist, d. h. mit der Negativästhetik können gelegentlich auch die gewünschten Ergebnisse erzielt werde.

Wenn nun die Funktion der Ästhetik das Erzeugen von Lust und Unlust ist, so müssen wir auch erkennen, daß die Kraft, diese

22

Lust oder Unlust zu erzeugen, nachläßt, sich verbraucht. Das sehen wir am deutlichsten bei modischen Artikeln, aber auch bei Industrieprodukten und in der Architektur. Wir bemerken es bei Pflanzen, Hölzern, ja sogar Hunde kommen aus der Mode, und einen Witz, den man bereits zweimal gehört hat, kann man beim besten Willen nicht mehr "lust"-ig finden.

Demgegenüber wird man feststellen, daß es Produkte gibt, seien es nun Stühle, Vasen, Bilder, Plastiken, Bücher, deren Ästhetik sich nur sehr, sehr langsam oder gar nicht verbraucht. – Daraus läßt sich schlüssig ableiten, daß Produktästhetik, die sich nicht verbraucht, etwas Besonderes sein muß: Kunst? – verstanden als Ästhetik, die sich nicht verbraucht.

Den "innovativen Wertkern" ablesbar, für den Käufer und Nutzer erfahrbar zu machen, das ist die Leistung des Designers, und in diesem Zusammenhang kommt der Produktästhetik eine entscheidende Rolle zu. Diese Rolle wird um so wichtiger sein, je geringer der Anteil der übrigen drei Designkriterien am Produkt ist, und zurücktreten dort, wo die Funktion der Technik, der Fertigung und der Ergonomie eine dominierende Rolle spielen.

Ein Beispiel: Für den Verkaufserfolg einer Vase wird die Leistung des Designers im ästhetisch-gestalterischen Bereich absatzentscheidend sein. Eine Schiffsschraube hingegen wird wohl kaum aufgrund ihrer Schönheit und Eleganz, sondern ausschließlich wegen ihrer funktionstechnischen Produktwerte geordert werden. (Daß wir sie dennoch als schön empfinden, ist Zufall, Erziehung). In meinen zahlreichen Verhandlungen habe ich festgestellt, daß eine anteilige Quantifizierung der jeweils relevanten Designleistung dem Hersteller es sehr viel leichter macht einzu-

2.

sehen, wohin bei dem jeweiligen Designauftrag schwerpunkt-
mäßig die Gelder fließen müssen.

Zur Erläuterung ein busse-design-ulm-Schema, simpel, aber
brauchbar: Nehmen wir an, der Produktwert hat insgesamt
12 Punkte = 100%. (12 Punkte deshalb, weil die Zahl so vielfältig
teilbar ist.) Jede einzelne Designfunktion, sei es nun die Funktion
der Technik, die der Fertigungsfunktion, die Funktion der Ergonomie oder die der Ästhetik, kann höchstens 6 Punkte erhalten.
Aber alle 12 Punkte müssen verteilt werden.

Bei einer anspruchsvoll gestalteten Vase (siehe Schema) entfallen
nach unserer Daumenregel auf die technische Funktion 2 Punkte,
auf die Erzeugungsfunktion 3 Punkte, auf die ergonomische
Funktion höchstens 1 Punkt, auf die ästhetische Funktion aber
6 Punkte. Anders beim Staubsauger. Der Stellenwert der technischen Funktion ist mit Sicherheit höher als bei einer Vase, also
4 Punkte. Die Erzeugungsfunktion und damit Preisgünstigkeit
hat einen nicht ganz so hohen Stellenwert, also 3 Punkte. Da der
professionelle Benutzer mit diesem Staubsauger meist täglich,
mitunter sogar viele Stunden hantieren muß, ist auch der
Anteil der Ergonomie an der Produktwertigkeit hoch zu veran-
schlagen, also 3 Punkte. Bleiben für die Ästhetik noch 2 Punkte.
Was bitte nicht heißt, daß es sich dann um ein gestalterisch
unattraktives Gerät handelt, sondern nur bedeutet, daß die Gestalt in hohem Maße durch Technik, Fertigung und Ergonomie
vorbestimmt ist.

Sehr deutlich wird das System am Beispiel Pkw-Vergleich (siehe
Schema): Verglichen werden ein Kleinwagen, ein Mittelklasse-
fahrzeug und ein Fahrzeug der Luxusklasse. Hier zeigt sich, daß
die Wertigkeit von technischer Funktion in allen drei Fällen un-

24

verändert bleibt. Der Mittelklasse-Pkw ist in allen vier Funktionen gleich gewichtet. Die Steigerung der Fahrlust durch Luxus (=Ästhetik) darf beim hochpreisigen Fahrzeug die Fertigung belasten, d. h. das Produkt darf teurer werden. Beim Klein-wagen spielt der Preis die dominierende Rolle, also weniger Luxus (weniger Lust).

Verteilt man die Punkte bei Rohstoffen, Halbzeugen, Schiffs-schrauben, eingebauten Getrieben, Schmier-, Treib- und Kleb-stoffen (siehe Schema), so entfallen diese 12 Punkte nur auf die technische und Erzeugungsfunktion, also keine ergonomische und auch keine unmittelbare ästhetische Funktion. Wenn sich der Fall ergibt, daß es keine technische und auch keine ergonomi-sche Funktion gibt, sondern nur die ästhetische Funktion in Ver-bindung mit der Fertigungsfunktion wie bei Parfum, Genußmit-teln wie Zigaretten und Alkohol oder auch Schmuck, Musik, Bel-letristik und somit die Punkte nur auf Ästhetik und Produktion verteilt werden, dann handelt es sich um Produkte, die aussch-ließlich Lust erzeugen (sollen).

Vase

Funktion der Technik	●	●				
Funktion der Fertigung	●	●	●			
Funktion der Ergonomie	●					
Funktion der Ästhetik	●	●	●	●	●	●

Staubsauger

Funktion der Technik	●	●	●	●		
Funktion der Fertigung	●	●	●			
Funktion der Ergonomie	●	●	●			
Funktion der Ästhetik	●	●				

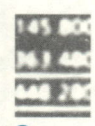

2.

PKW Kleinwagen

Funktion der Technik	●	●	●			
Funktion der Fertigung	●	●	●	●		
Funktion der Ergonomie	●	●	●			
Funktion der Ästhetik	●	●				

PKW Mittelklasse (DB 190)

Funktion der Technik	●	●	●			
Funktion der Fertigung	●	●	●			
Funktion der Ergonomie	●	●	●			
Funktion der Ästhetik	●	●	●			

PKW Luxusklasse

Funktion der Technik	●	●	●			
Funktion der Fertigung	●	●				
Funktion der Ergonomie	●	●	●			
Funktion der Ästhetik	●	●	●	●		

Wie schon erwähnt, gelten diese 4 Designkriterien nicht nur für Produkte, sondern auch für Dienstleistungen. Nehmen wir diesmal nicht den Designer, sondern den Rechtsanwalt als Beispiel, so bedeutet in diesem Fall sichere technische Funktion, daß er sein juristisches Metier beherrscht.

Die wirtschaftliche Fertigung bedeutet, daß er die vom Klienten geforderte Leistung schnell und preiswert erbringt.

Die erklärungsfreie Ergonomie, daß der Klient problemlos und streßfrei mit ihm kommunizieren kann.

Die zielgruppengerichtete Ästhetik, daß die Person des Anwalts, sein Mitarbeiter und das Ambiente so beschaffen sind, daß zumindest keine Unlustgefühle aufkommen.

Ich hoffe, mit dieser kurzen Theorie des Designs deutlich gemacht zu haben: Was Designer leisten (können), ist weit mehr als das Sahnehäubchen auf dem fertigen Kuchen. Und wer Designer für reine "Produktkosmetiker" hält, ist Opfer eines allgemeinen Begriffsgebrauchs geworden, der das Wort Design zuallererst mit "Hairdesign", "Naildesign" und "Designermode" assoziiert. Nimmt man meine Kurzdefinition "Design ist der Weg von der Idee zum Produkt" dagegen ernst, dann rückt die Zusammenarbeit mit Designern für Unternehmen in den Mittelpunkt einer Produktpolitik, die sich gerade nicht auf "Produktkosmetik" beschränkt.

Produktentwicklung durch externe Partner

Zwischen 57 und 60 Milliarden DM gaben im Jahr 1995 deutsche Unternehmen für Forschung und Entwicklung (F+E) aus. Zum Vergleich: Die USA bringen es auf 180 bis 190, die Japaner auf 95 bis 100 Milliarden. Nur etwa 11%, nämlich etwas über 6 Milliarden DM, konnten deutsche externe F+E-Unternehmen, einschließlich Hochschulen, davon als Umsatz verbuchen. Dieser Anteil ist seit Jahren konstant. Es fragt sich, warum das so ist.

Kommunalbehörden geben die Abfallentsorgung in private Hände und werden Verlustbringer los. Groß- und Kleinunternehmen reinigen ihre Betriebsgebäude und Maschinen nicht mehr selbst, sondern lassen das durch Externe besorgen. Die firmeneigenen Rechtsabteilungen werden weniger, und sogar Firmenkantinen werden in immer mehr Unternehmen von externen Dienstleistern betrieben. Die Reihe der Beispiele ließe sich beliebig fortsetzen. "Outsourcing" und die Einrichtung von unabhängigen "Profitcentern" erhöhen die Flexibilität und ermöglichen eine bessere Kostenkontrolle. Es scheint sich also zu rechnen.

2.

Doch F+E macht nach wie vor fast jedes Unternehmen selbst. Dabei ist es in den meisten Fällen so, wie das manager magazin vor einigen Jahren schrieb: "Einfallslos, langsam und teuer! Oft gestaltet die Forschungsabteilung nicht die Zukunft des Unternehmens, sondern verwaltet die Vergangenheit." Und Claus Toby von der Consulting Group Arthur D. Little meint: "Manche Unternehmen sind wie Kettenraucher, sie halten an ihren schlechten Angewohnheiten fest, bis sie an Marktsklerose leiden wie die Nikotinsüchtigen am Raucherbein. Erst wenn es richtig weh tut, ändern sie sich." Weiter schreibt das manager magazin: "Ausgerechnet dort, wo im Unternehmen Neues entstehen soll, ist das Beharrungsvermögen am größten. Innovationen bestehen vor allem aus Verbesserungen von Vorhandenem, auch wenn sie mit immer mehr Aufwand erkauft werden müssen. Beweis: Die Zahl der von Deutschen angemeldeten internationalen Patente waren bis 1996 rückläufig." Das wundert niemanden, der weiß, daß die fast 60 Milliarden DM nicht tatsächlich für F+E aufgewendet werden, sondern zu einem Großteil für das sogenannte Tagesgeschäft, das heißt die Betreuung der Fertigung.

Ein Beispiel: Der Unternehmer, der Vorstand, der Marketingchef oder wer auch immer – genannt A – hat eine Idee, die bereits auf Marktchancen hin abgeklopft wurde. A setzt sich mit dem zuständigen Entwicklungsleiter – genannt B – zusammen und erläutert die Idee. Dabei ergibt sich folgendes Gespräch:

B: "Das ist wirklich eine prima Idee."
A: "Freut mich, daß sie Ihnen gefällt, wir sollten bis zum Prototyp entwickeln."
B: "O.k., wird gemacht!"
A: "Wann bekomme ich den Prototyp?"
B: "Kann ich Ihnen nicht sagen."

A: "Warum nicht?"

B: "Sagen Sie mir, was wichtiger ist: Reibungslose Fertigung
oder die Neuentwicklung?"

A: "Die Fertigung muß natürlich laufen, davon leben wir ja."

B: "Nun, dann kann ich die Entwicklung nur nebenher machen,
mal sehen, wie ich dazu Zeit finde."

Solche Gespräche finden in etwa 80% unserer Industriebetriebe, sei-
en sie nun klein, mittel oder groß, sehr häufig statt. Denn das haben
Untersuchungen ergeben: Sehr viele Entwicklungsabteilungen kümmern sich in 50% der verfügbaren Zeit um das Tagesgeschäft, sprich
die Fertigung oder Betreuung bestehender Produktlinien, und wen-
den nur 50% für die Arbeit an Neuentwicklungen auf. Das ist noch
optimistisch geschätzt. Der Durchschnitt dürfte bei 75 bis 80% Tagesgeschäft und nur 20 bis 25% Entwicklungsarbeit liegen. Externe
Entwicklungsgruppen hingegen können, wenn sie gut sind, 90%
und mehr Entwicklungszeit pur bieten.

Betrachtet man Forschung und Entwicklung anteilig, erkennt man,
daß von den 57 bis 60 Milliarden DM also höchstens 10 bis 15% in
Forschungsprojekte investiert werden und der Rest in Entwicklung.
Das spiegelt sich auch im Verhältnis der angemeldeten Schutzrechte
wider: 10% entfallen auf Forschungsergebnisse, "Innovationen" im
eigentlichen Sinne, rund 90% auf die Weiterentwicklung von Produkten.

Von den etwas über 6 Milliarden DM andererseits, die nach draußen
gegeben werden, liegt der Anteil der Forschung aber bei ca. 50%,
so daß für externe Entwicklungsteams nur 3 Milliarden übrigbleiben.
In diesen 3 Milliarden sind alle Fremdentwicklungen enthalten. Auch
Software (ca. 500 Millionen) und Chemie/Pharmazie (ca. 500 Millionen). Bleiben nur noch 2 Milliarden übrig für die freie Entwicklung

auf den Sektoren Fahrzeugbau, Maschinenbau, Elektrotechnik, Feinmechanik, Optik, Elektronik usw.

Die Gründe für diesen geringen Fremdentwicklungsanteil liegen in erster Linie bei den Industrieunternehmen. Sie haben ein ganzes Bündel von Sorgen, Ängsten und Bedenken: Man sieht Probleme in der Zuständigkeit, in der Organisation, in der Betreuung für einen reibungslosen Ablauf; man hat Angst, die Katze im Sack zu kaufen; es stört die Entfernung; man hat Angst vor Betriebsspionage und Plagiatoren; man fürchtet Know-how-Abfluß; man scheut die Kosten des Aufwands, der nötig ist, um den externen Partner aufzubauen, ebenso den Betreuungsaufwand, den ein extern vergebener Entwicklungsauftrag erfordert; oder ganz banal: Man kennt gar keinen externen Entwickler und fürchtet, an einen nichtkompetenten Partner zu geraten oder auch an einen, der möglicherweise besser ist und mehr kann als man selbst, woraufhin man in einen Erklärungsnotstand vor der nächsten Führungsebene gerät; man sorgt sich um Kosten und Terminüberschreitungen oder scheut den Aufwand der Aufstellung eines ausführlichen Pflichtenheftes; man hat Bedenken gegenüber anderen CAD-Systemen. Vielleicht hat das Unternehmen auch schon mal schlechte Erfahrungen gemacht mit einem externen Partner und pflegt das "Gebrannte-Kind-Syndrom". Man ist zu träge, Angebote anzufordern, zu lesen und vergleichbar zu machen. Man hat Angst vor dem gewerblichen Rechtsschutz und dem Arbeitnehmererfinderrecht. Man fürchtet, noch zuviel selber machen zu müssen, und schließlich möchte man vermeiden, daß offenkundig wird, wie teuer man selbst entwickelt.

Die meisten Sorgen, Ängste und Vorurteile lassen sich aber in aller Sachlichkeit mit einem kompetenten, externen F+E-Partner besprechen. Dabei werden sich sehr schnell die Vorteile einer solchen Partnerschaft aufzeigen und gewichten lassen.

Der externe Auftragnehmer hat nur ein Ziel im Auge: den nächsten Auftrag. Dafür wird er seriös arbeiten, termintreu sein, die Kosten transparent machen und sogar vermeiden. Er wird mit dem Partner gemeinsam das Pflichtenheft erstellen, und dabei wird sich herausstellen, daß man intern keine weitere Entwicklungskapazität aufzubauen braucht. Der Externe, so er mit anderen Firmen unterschiedlicher Branchen zusammenarbeitet, läßt den Auftraggeber am größeren und universellen Know-how partizipieren.

Ein weiterer Vorteil, der in Deutschland gar nicht hoch genug eingeschätzt werden kann: Eine Trennung von Externen ist jederzeit möglich, wenn man keine Arbeit für sie hat oder mit ihnen nicht zurechtkommt. Versuchen Sie diese Trennung mal mit Mitarbeitern im eigenen Betrieb!

Was kann man von einer externen Entwicklungsgruppe, von einem externen Designer verlangen? Wenn dort Entwicklungsarbeit professionell betrieben wird, können Sie alle Leistungen von der Idee bis zum Prototyp erwarten – mit perfekten Fertigungszeichnungen und Stücklisten und, sofern vereinbart, über die üblichen Normen hinaus mit ihren hausinternen Normen, Maßangaben und Toleranzen versehen. Auch eine Betreuung bis zum Anlauf und zur Stabilisierung der Fertigung einschließlich Werkzeugabstimmung, Organisation und Durchführung von Feldversuchen mit sämtlichen Tests kann erwartet werden.

Der Anteil der Designkosten an den gesamten Marktbereitstellungskosten (Kosten, bis das 1. Stück verkauft ist) liegt bei langlebigen Konsumgütern bei etwa 2 bis 3 % (Mercedes rechnet pro Fahrzeug mit DM 150).

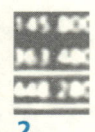

2.

Geht man von den Gesamtkosten (= 100%) aus, so entfallen auf Ideenfindung, Marktuntersuchung, Produktplanung rund 10%, auf die Designkonzeption, Modelle, Entwicklung, Konstruktion, Prototypenbau ebenso ca. 10%, ca. 30-40% auf Werkzeuge, Vorrichtungen, Software, ca. 10% auf die Vorbereitung der Fertigung, ca. 10% auf Pilot-, Null-, Vorserien, ca. 10% auf Marktvorbereitung, Mitarbeiter-Schulung, Werbung, und die restlichen ca. 10-15% auf Lagerbestand für Lieferbereitschaft. Designkosten sind folglich eine Größe, die man vergessen kann.

Eine Variante der Fremdentwicklung, die aber in der Statistik nicht als Fremdentwicklung geführt wird, sind entwickelnde Unterlieferanten, wie sie in erster Linie für die Automobilindustrie tätig sind (der Anteil der Zulieferanten liegt dort bei etwa 50%, Tendenz steigend). Daß mit der Entwicklung und Produktion große Vorteile verbunden sind, ist evident.

Die Gefahren sollen jedoch nicht verschwiegen werden: Die für andere Unternehmen produzierenden Firmen entwickeln meist im Hinblick auf ihre eigenen Möglichkeiten und nicht im Hinblick darauf, was für die Auftraggeber das Günstigste ist. Da die Entwicklungskosten auch hier bezahlt werden müssen, ist es nur in den seltensten Fällen üblich, sie direkt zu begleichen, sondern indirekt, das heißt, sie werden auf den Stückpreis umgelegt. Das ist häufig von Vorteil für den Auftragnehmer, weil er – wenn nicht ausdrücklich anders vereinbart – bis zum Produkttod kassieren kann. Es ist praktisch unmöglich, dem Unterlieferanten das Produkt wegzunehmen, sobald er irgendwelche Schutzrechte angemeldet hat oder Teile einbaut, für die nur er die Rechte besitzt. Gelingt es doch, das Produkt abzuziehen und einem anderen Unternehmer zu geben oder aber ins eigene Haus zu holen, ist es sehr schwierig zu verhindern, daß der Unterlieferant weiterproduziert und unter seinem Namen verkauft, auch wenn vermeintlich hieb- und stichfeste Verträge vorliegen. Diese nützen wenig, wie wir immer wieder bei der "Aktion Plagiarius" feststellen können. (Mit dem Negativ-Preis "Plagiarius", einem schwarzen Gartenzwerg mit goldener Nase, werden seit 1977 jährlich besonders dreiste Plagiate öffentlich "ausgezeichnet".)

Ein wesentlicher Grund für die geringe Nutzung der externen F+E-Kapazität liegt auch darin, daß es wenig kompetente und universell ausgerichtete Unternehmen in dieser Branche gibt. Zu 70 bis 80% werden externe Entwicklungen von kleinen Design-/ Entwicklungs-Büros mit ein bis vier Mitarbeitern abgewickelt, deren Inhaber früher einmal beim Hauptauftraggeber beschäftigt waren und das Know-how, das sie seinerzeit mitbekommen haben, auf diese Weise nutzen. Die überwiegende Mehrzahl dieser Entwicklungsbüros betreibt keine eigentliche Entwicklungs-, sondern nur Konstruktionsarbeit. Innovationen sind demzufolge von dort selten zu erwarten.

Ein weiterer Grund für die geringe Anzahl von kompetenten externen Entwicklungsgruppen: die Hochschulen. Lehrstühle für Entwicklungsmanagement, die sich um Organisationsformen und Kalkulationstechniken kümmern, sind selten.

Die derzeitige wirtschaftliche Situation ist für Produktdesigner und externe Entwicklungsgruppen günstig. Im Zuge von Kostenreduktion und Stellenabbau wurden in einigen Industriebetrieben bis zu 50% der Entwicklungsmitarbeiter entlassen. Das dürfte außerhalb meines Kenntnisbereichs ebenso sein. Die Konsequenz: Wenn das Entwicklungsprogramm im bisherigen Umfang weitergeführt werden soll, wird die interne Entwicklungs- oder Designgruppe bis weit über ihre Kapazitätsgrenzen belastet und ist mehr oder minder gezwungen, das eine oder andere Projekt extern durchführen zu lassen.

2.

Hinzu kommt, daß die zunehmende Markt- und Technologiedyna-
mik sowie die Komplexität des Markt- und Wettbewerbsumfeldes
dazu führt, daß der Produktentwicklungsprozeß von allen Seiten
stark unter Druck gesetzt wird. Die Geschwindigkeit im gesamten
Produktentstehungsprozeß und in der Markteinführung wird zur
Voraussetzung und damit zum Schlüsselfaktor für den Unterneh-
menserfolg. Es gilt: Wer als erster am Markt ist, hat gewonnen.

Externe Produktentwickler haben hier Vorteile, sie können aufgrund
der spezialisierten Organisation und Planungsmethodik effizienter
arbeiten und in vielen Fällen erheblich kürzere Innovationszeiten er-
reichen als unternehmensinterne Entwicklungsabteilungen, die
noch mit einer Vielzahl anderer Aufgaben betraut sind.

Die Vorteile einer Zusammenarbeit mit einem kompetenten externen Partner und Design-Dienstleister sind hier noch einmal zusammengefaßt:

- transparentes Angebot: sämtliche Kostenblöcke können
  problemlos überprüft werden,
- sicherer Termin, weil kein Zeitverlust durch geplante oder
  unvorhergesehene Betreuungsarbeit (Tagesgeschäft) anfällt,
- Know-how-Transfer durch universelleres Wissen: Probleme,
  die in anderen Branchen bereits gelöst wurden, können als
  Vorbild dienen,
- exakte Kostenkontrolle während des Ablaufs,
- bei guter und dann langfristiger Zusammenarbeit kann man
  die eigene Entwicklungskapazität klein halten,
- geringere Gefahr durch Industriespionage (wer weiß schon,
  was der Externe entwickelt?),
- Entwicklungsspitzen lassen sich leichter bewältigen,

- man kann auch Produkte entwickeln lassen, die im eigenen Programm bisher nicht vorkamen (keine "Betriebs- blindheit"),
- Garantieübernahmen für die Richtigkeit der Zeichnungen (sofern ein Prototyp gebaut wurde),
- Übernahme der Haftung für Fehler in den Zeichnungen (falls doch etwas schiefgeht) durch spezielle Versicherungen,
- optimaler Prototypenbau durch universelle Werkstätten.

Die immensen Investitionen, die sich der Designentwicklungsphase anschließen, sind Grund genug, der Zusammenarbeit mit dem exter- nen Designentwicklungs-Dienstleister einen hohen Stellenwert bei- zumessen. Der Aufwand, der "danach" kommt – die Konstruktion, die Werkzeuge, die Fertigung, der Vertrieb – muß sich lohnen. Wenn ein Unternehmen entschlossen ist, ein neues Produkt auf den Markt zu bringen und dafür 1 Million DM zu investieren (bei einem Staub- sauger liegen diese Kosten bereits bei rund 6 Millionen, bei einer Motorsäge bei 14 Millionen!), sollte sich jeder Unternehmer die Fra- ge stellen, ob man dann nicht rund 1 bis 3% der Gesamtsumme in- vestiert, um einen guten Designer zu beauftragen, der die Chancen erhöht, am Ende ein optimales Produkt auf den Markt zu bringen.

Dabei ist aber zu beachten, daß zu den vom externen Partner in Rechnung gestellten Kosten ca. 25% hinzuzurechnen sind für den Betreuungs- und Transferaufwand im Unternehmen.

Es ist heutzutage so gut wie ausgeschlossen, ein Produkt zu ent- wickeln, dessen Produktästhetik eine vernachlässigbare Größe ist. Das gilt besonders für Geräte, die sich in ihrer technischen Qualität heute immer ähnlicher werden. Gutes Design, so zeigen die "Tops"

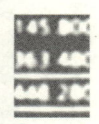

2.

und "Flops" der jüngsten Vergangenheit deutlich genug, wird immer mehr zum unverzichtbaren Faktor für den Produkterfolg.

Die Schritte des Designprozesses

Grundsätzlich gilt also: Designkosten können nicht isoliert betrachtet werden, sie sind prozentualer Anteil der Entwicklungskosten überhaupt. Dieser Anteil ist, wie kürzlich noch einmal Norbert Hammer von der Universität GH Essen recherchierte, innerhalb der einzelnen Branchen und Produktgruppen durchaus unterschiedlich hoch. Während die Autoren des Leitfadens vom Design Zentrum Nordrhein Westfalen als Faustregel von 1 bis 5% ausgehen, geben, laut Hammer, stark designorientierte Objektmöbelhersteller wie Wilkhahn den Designkostenanteil mit 25% an, und im Bereich der technischen Konsumgüter liegt er bei maximal 5%.

Ähnlich krasse Unterschiede dürften sich auch bei den Honoraren der Designer finden. Die Preise für unsere Dienstleistung, genannt Design, kalkulieren sich nach berechenbaren Arbeitsschritten, und die sind:

• **Produktinformation**
  heißt, daß vom Design-Entwicklungsteam der Know-how-Stand des Auftraggebers weitgehend erreicht werden muß. Weiterhin Informationen über Markt und Wettbewerbsprodukte.

• **Konzeption**
  Vorstellung der Designidee – verbal, mit Skizzen oder Proportionsmodellen.

- **Ergonomiegestaltung**

  Untersuchung der Erkennbarkeit und Handhabbarkeit eines Produktes. Es wird dabei die optimale Benutzbarkeit angestrebt. Untersuchungen mit Video, Film und Foto sind oft notwendig.

- **Designentwürfe**

  Renderings oder andere Zeichnungen in den verschiedenen Techniken, die die Gestaltung erkennen lassen (gelegentlich auch Proportionsmodelle).

- **Modellbau**

  Modelltyp, d. h. Proportionsmodell fürs Grundsätzliche, Design-Modell formal deckungsgleich mit dem späteren Serienmuster, technisches Funktionsmodell, Ergonomie-modell.

- **Produktgrafik**

  Firmenzeichen, Beschriftungen, Skalen, Typenschilder, Farb-gebung usw.

- **Konstruktion**

  Entwicklung des Produkts so weit, daß Aufrißzeichnungen oder Zusammenstellungszeichnungen vorliegen, nach denen theoretisch die Funktion überprüft werden kann.

- **Versuchsaufbau**

  Konstruktionsprinzipien werden mit einfachen Mitteln auf ihre Realisierbarkeit untersucht.

- **Versuche**

2.

- **Einzelteilzeichnungen A**

  sind Zeichnungen, die für Funktionsmodelle oder
  Prototypen notwendig sind. (A verwandelt man nach
  Erstellen der Teile und späteren Änderungen in die
  Einzelteilzeichnungen B.)

- **Funktionsmodell bauen**

- **Funktionsmodell erproben**

- **Einzelteilzeichnungen B**

  für manche Unternehmen bereits für die Fertigung ausrei-
  chend. Für größere Fertigungsbetriebe können nach
  Absprache werksnormgerechte Zeichnungen erstellt werden
  (eventuell Zusatzangebot anfordern).

- **Zusammenstellungszeichnung**

- **Baugruppenzeichnung**

- **Prototyp (bzw. Semiprototyp) bauen**

- **Prototyp erproben/ändern**

- **Werkzeugabstimmung**

- **Präsentationen**

Dies ist das Leistungsmenü, das busse design ulm anbietet und
aus dem unser Auftraggeber auswählen kann, was für ihn wichtig und nötig ist.

Kleiner Exkurs zur Terminologie

Wer Rechnungen schreibt, wer präzise kalkulieren will, muß sich einer eindeutigen Sprache bedienen. Und da hapert's häufig. Da gibt es nämlich einen Widerspruch in der täglichen Praxis: Designer reden viel von "Kreativität" und behaupten, daß Design ein systematischer Problemlösungsbeitrag sei. Allerdings jenen Bereich, in dem wir dringend einiges für die Systematik des eigenen Denkens tun müssen, damit wildwuchernde "Kreativität" nicht dem Ansehen der ganzen Zunft schadet, nämlich den Begriffswirrwarr unserer sogenannten Fachsprache, klammern wir häufig aus. Hier gilt es zu entrümpeln.

Die Beliebigkeit nutzt uns nicht. Konkret: Da wird die gleiche Leistung bei jedem Designer unter einer anderen Bezeichnung abgerechnet. Noch konkreter: Für den Entwicklungsschritt "Modell" werden mehr als 100 verschiedene Bezeichnungen benutzt! Das jedenfalls ist das Ergebnis einer Umfrage, die busse design ulm an 400 Designer richtete. In Form eines Fragebogens hatten wir um Auskunft über die Terminologie im Bereich des Modellbaus gebeten.

41 Kollegen haben geantwortet und für 6 Begriffe 146 verschiedene Benennungen angegeben. Das Ergebnis wäre vermutlich noch verwirrender, wenn mehr als nur gute 10 Prozent der Angeschriebenen geantwortet hätten. Wenn ein und dasselbe Demonstrationsobjekt "Vormodell", "Styro", "Mock-up" oder "Rough" heißen kann, erschwert das nicht nur die Verständigung untereinander – wir haben da konkrete Erfahrungen sammeln können bei Gemeinschaftsprojekten mit anderen Designern –, es muß vor allem auch den Auftraggeber aufs höchste verwirren und wird kaum dazu beitragen, das notwendige Vertrauen in die Transparenz eines Angebots und einer Auftragsabwicklung zu fördern.

2.

(Auch als Gutachter vor Gericht, bei Streitigkeiten zwischen Unternehmer und Designer, stand ich oft vor dem Problem, daß der Designer einen Begriff anbietet, den der Unternehmer nicht oder falsch oder aber anders interpretiert).

Die folgenden Definitionen sind ein Versuch, den Begriffswirrwarr zu beseitigen. Fangen wir mit einem besonders vieldeutigen Begriff an: Was ist ein "Modell"? "Ein Modell ist definiert durch seinen kommunikativen Kontext. Es wird zum Zwecke der Verständigung von jemandem für jemanden hergestellt und dient einem gewissen Erkenntniszweck (pragmatischer Aspekt). Es informiert ferner, bezogen auf ein vorhandenes oder zukünftiges Original, über bestimmte Formrelationen (semantischer Aspekt)." So Prof. Maser von der GH Essen. Diese Aspekte (wofür, worüber, woraus) können in den verschiedenen Phasen des Design-Prozesses von unterschiedlicher Wirkung sein, das heißt das Modell mehr oder weniger oder ausschließlich bestimmen. Der Grad dieser Bestimmung sollte in der Terminologie deutlich werden.

Daß diese Überlegungen bisher nur ansatzweise in unsere Fachsprache eingegangen sind, machte das Ergebnis dieser Umfrage deutlich. Um Mißverständnisse bei Verträgen, Pflichtenheften und Auftragsbestätigungen sowie in der verbalen Kommunikation auszuschließen, empfiehlt der Verband Deutscher Industrie-Designer, VDID, die nachfolgend aufgeführten Bezeichnungen zu verwenden:

Proportionsmodell
Ein Modell aus Pappe, Holz, Kunststoff, Schaum oder anderen Materialien, das nur die Aufgabe hat, im wesentlichen die äußere Form, auf jeden Fall aber die Proportionen erkennen zu lassen. Sollte es nötig sein, dieses Modell genauer zu beschrei-

ben, können Material, Oberflächengüte, Maßstab, Farbe usw.
noch hinzugefügt werden.

Designmodell

Ein Modell, das von seiner äußeren Anmutung exakt dem späteren Serienmuster entspricht, und zwar in einer Qualität, daß es für Prospektfotos verwendet werden könnte. Auch hier ist es, wie im Proportionsmodell, möglich, entsprechende Zusätze beizufügen, vor allem dann, wenn Teilfunktionen gegeben sein sollen.

Technisches Funktionsmodell

Ein Modell, das komplett oder nur zum Teil die technische Funktion zeigt, ohne Rücksicht auf die äußere Form. Auch hier können entsprechende Hinweise zugefügt werden, zum Beispiel "Technisches Funktionsmodell zur Ermittlung der optimalen Belüftung".

Ergonomiemodell

Ein Modell, das der Gestaltung oder Überprüfung der optimalen Bedien- oder Benutzbarkeit dient.

Prototyp

Ein nach Fertigungszeichnungen erstelltes Modell, das dem späteren Serienmuster in Material und Maßen entspricht. Falls Teile des Prototyps aus Kostengründen vereinfacht ausgeführt werden sollen, wie zum Beispiel das Weglassen der Entformungsschrägen oder unausgefräst belassene Höhlungen, ist die Bezeichnung Semiprototyp angebracht.

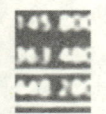

3. Die Kalkulation

Basis der Kostenkalkulation für Designleistungen sind Zeitaufwand und Stundensatz. Entsprechend den unterschiedlichen Arbeitsschritten rechnen wir bei busse design ulm nach drei verschiedenen Stundensätzen ab:

- **Gruppe 1:**
  Entwurfs- und Entwicklungsleistungen inklusive Marktinformation und Produktanalyse mit DM 140 pro Stunde,
- **Gruppe 2:**
  einfache CAD-Arbeit und Detailzeichnungen mit DM 88 pro Stunde,
- **Gruppe 3:**
  Modell-, Prototypen- und Werkzeugbau mit DM 90 pro Stunde.

Die Frage ist: Wie errechnen sich diese Stundensätze?

Mit einer funktionierenden Kostenstellenrechnung ist das relativ leicht zu ermitteln, und ich kann mit Gewißheit sagen, daß diese Kostenkategorien im Ein-Mann-Unternehmen ebenso gelten wie in mittleren und großen Designbüros. Es ist ein weitverbreiteter, grundsätzlicher Fehler anzunehmen, daß kleinere Designbüros in jedem Fall geringere Stundensätze berechnen müßten oder könnten, weil diese Büros niedrigere Kosten hätten. Wer genauer hinsieht, merkt schnell, daß dies eine Milchmädchenrechnung ist: Allein die technische Ausstattung mit Computern und CAD-Programmen kostet einen kleinen Betrieb nicht weniger als einen größeren, das gleiche gilt, wenn man sachlich rechnet, für alle anderen Faktoren, von der sozialen Absicherung der Mitarbeiter bis hin zu Reise- und Kommunikationskosten.

Wo innerhalb eines Büros die Kosten anfallen, haben wenige Designer im Blick. Das zu wissen, ist aber eine wesentliche Voraussetzung dafür, korrekte Stundensätze zu kalkulieren und effizient zu arbeiten. Wenn Sie nicht wissen, wofür Sie wieviel Geld ausgeben, können Sie auch nicht ausrechnen, wieviel Sie bei einem Auftrag einnehmen müssen, um weder sich, noch den Auftraggeber zu übervorteilen.

Eine Kostenstellenrechnung ist die optimale Methode, Gesamtkosten in den Blick zu bekommen und den Anteil der einzelnen Posten auszumachen. Auf der anderen Seite ist ein solches Verfahren aufwendig, denn es kostet zunächst einmal Zeit und Mühe, die verschiedenen Kostenstellen auszumachen, um später richtig bilanzieren zu können. Allerdings muß man es mit der Aufgliederung auch nicht übertreiben: Der Kostenstellenplan von busse design ulm, den ich hier als Beispiel anführen will, umfaßt fünf große Gruppen und gliedert sich wie folgt:

3.

Kostenstellenplan

Allgemeiner Bereich

010 Grundstücke und Gebäude

020 Soziale Einrichtungen

030 Energieversorgung

040 Fuhrpark

Materialbereich

120 Rohmaterial (Materiallager in den Werkstätten,
einschließlich Bezugskosten, Zölle etc.)

Hilfs-Kostenstellen

310 CAD

360 MCAD/CNC

Profit Center

3200 Design (Produktästhetik und Ergonomie)

3300 Konstruktion

3400 Elektronik

3500 Werkstatt

3900 Vertrieb/PR/Marketing/Werbung

Verwaltungsbereich

710 Geschäftsleitung (Finanzen)

720 Allgemeine Verwaltung (Sekretariate)

730 Buchhaltung/Controlling

Das ist recht übersichtlich und umfaßt gleichzeitig sämtliche
Kosten, die in die Stundensatzkalkulation eingehen müssen.
Diesen Kostenstellenplan können Sie nun übernehmen oder
individuell variieren.

Stundensatzkalkulation für Designer und Ingenieure

Der Stundensatz für busse design ulm ergibt sich aus der Division
Gesamtkosten durch effektiv abrechenbare Arbeitszeit, die im folgenden vereinfacht dargestellt ist. Es zeigt sich, daß diese Berech-
nung für kleine, mittlere und große Büros gleichermaßen gilt:

1 Jahr = 365 Tage

. /.104 Sonn- und Samstage, . /.30 Urlaubstage,. /.11 Feiertage,

. /. durchschnittlich 13,5 Krankheits- und Schulungstage

ergibt 206,5 Tage x 8 Stunden = tatsächliche Arbeitszeit 1.652 h

./. nicht abrechenbare, interne Arbeitszeit 10% 165 h

effektiv abrechenbare Arbeitszeit: 1.487 h

**Bei Errechnung der Personalkosten in der Kalkulation wird der durchschnitt-
liche Mitarbeiter-Brutto-Stundenverdienst zugrunde gelegt, der als Jahres-
gehalt durch die vertragliche Arbeitszeit definiert ist.**

**Angenommenes Brutto-Jahresgehalt 81.600 DM (4. Berufsjahr)
(monatlich 6.800 DM): vertragliche Arbeitszeit (monatlich 21,5 Arbeitstage
x 8 h = 172 h x 12 Monate = 2.064 h)**

entspricht einem Stundenverdienst des Mitarbeiters von 39,53 DM

Nicht in der Stundensatzkalkulation enthalten sind die direkt auf
den jeweiligen Auftrag abrechenbaren Material- und Reisekosten.

Hinzu kommt die Mehrwertsteuer.

3.

Die Designkosten

Zunächst einmal der Stundensatz, wie er sich bei busse design ulm aufgrund unserer Kostenstellenrechnung zusammensetzt.

1. Personalkosten

1.1 Entgelt für geleistete Arbeit

1.1.1 effektiv abrechenbare Arbeitszeit
x Brutto-Stundenverdienst
(1,487 h x 39,53)   DM 58.800,00

1.1.2 nicht abrechenbare interne Arbeitszeit
x Brutto-Stundenverdienst
(165 h x 39,53)

Personalkosten Zwischensumme		DM 6.500,00
	= 100%	DM 65.300,00

1.2 Personalzusatzkosten

+ Sozialversicherungsbeiträge und betriebliche Leistungen (Fortbildung, Betriebsfeiern, Essenszulage)	36,5%	DM 23.800,00
+ Vergütung arbeitsfreie Tage (Feiertage, Krankheitstage, Urlaub)	27,5%	DM 18.000,00
+ Sonderzahlungen (Urlaubsgeld, Weihnachtsgeld, vermögensbildende Leistungen, Prämien)	18,8 %	DM 12.300,00
Personalkosten gesamt	**= 182,8%**	**DM 119.400,00**

46

2. **Verbrauchsmaterial der Abteilungen**
(Papier aller Art, Zeichenbedarf,
Fotomaterial) DM 7.500,00

3. **Arbeitsplatzkosten**
(Abschreibung, Wartung, Instand-
haltung,Versicherung der Anlagen,
Zinsen für Anlagen wie CAD-Einrichtungen,
Plotter, Zeichengeräte) DM 14.700,00

4. **anteilige** Kosten von Management,**
Akquisition und allgemeine Verwaltung
(inkl. Lohnnebenkosten) DM 19.900,00

5. **anteilige** Beratungskosten**
(Patentanwalt, Berater für CAD,
CAM Organisation, ISO 9000,
Steuerberater, Rechtsberatung
für die Verträge) DM 2.400,00

6. **anteilige** Raumkosten**
(Gebäudereparaturen und
Abschreibungen oder Miete,
Grundstückspflege und Instand-
haltung der Räume, Zinsen
für Gebäudeinvestitionen) DM 9.500,00

7. **anteilige** Energiekosten** DM 2.500,00

8. **anteilige** Telefon-, Porto-, Faxkosten**
Datenfernübertragen (Internet) DM 4.200,00

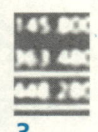

3.

9.	anteilige** Kosten für Kundenbewirtung	DM	2.800,00
10.	anteilige**, nicht direkt abrechenbare Reise- und Kfz-Kosten	DM	3.100,00
11.	anteilige** Kosten für Werbung: Messen, Prospekte, Anzeigen, PR-Aktivitäten, Ausstellungen, Kundeninformationen	DM	9.900,00
12.	anteiliges**, kalkulatorisches Wagnis (Forderungsabschreibung, Gewährleistung, Nacharbeiten)	DM	5.000,00
13.	Gesamtkosten	DM	200.900,00
14.	Gewinnanteil 6% (Wenn Sie meinen, mehr berechnen zu können – bitte sehr!)	DM	12.100,00
15.	Gesamtkosten inkl. Gewinn	DM	213.000,00
16.	Stundensatz = Gesamtkosten (inkl. Gewinnanteil) ÷ effektiv abrechenbare Arbeitszeit (1.487 h)	DM	143,20

* Die Prozentzahlen der Personalzusatzkosten beziehen sich auf
das Entgelt für geleistete Arbeit (siehe 1.1) = 100%
** Anteilig bedeutet: Gesamtkosten werden durch die Anzahl
der abrechenbaren Mitarbeiter geteilt.

Der Stundensatz ist nur ein, wenngleich der wichtigste Kostenfaktor bei der Kalkulation eines Design-Auftrags. Gesondert abgerechnet werden darüber hinaus:

- das Material für Modell- und Prototypenbau (z. B. Poly-
  urethanschaum, Rohacel, Uriol, Stahl, Aluminium,
  Messing,Kunststoffplatten und -blöcke), aber auch: Disketten,
  besondere Papiere, Filme und Fotomaterial
- die Fahrtkosten
- die Reisezeit (Stundensatz der Gruppenangehörigen)

Sie werden nach Aufwand in Rechnung gestellt.

Ein separater Kostenfaktor ist auch die zur Zeit gültige Mehrwertsteuer.

Zu Punkt 1.2: Es ist klar, daß ein hoher Krankenstand den Gewinn
eines Unternehmens schmälert. Bei busse design ulm schwankt
der Krankenstand zwischen 2 und 3%, das spricht für gutes
Betriebsklima. Es gab Zeiten, da hatte VW 9,6%. Je kleiner ein
Unternehmen, um so brutaler kann der Prozentsatz in die Höhe
schnellen, wenn ein Mitarbeiter oder sogar der Chef selbst
wegen einer schweren Krankheit oder eines Unfalls für mehrere
Monate ausfällt. In unserer Krankenstandkalkulation sind wir auf
4% und damit meistens auf der sicheren Seite.

Die Punkte 6 und 7 kann nur der Designer streichen, der zu Hause kostenlos bei Muttern wohnt, gewärmt und verköstigt wird.
Alle anderen Punkte sind auch für ihn relevant, und besonders
Punkt 12, wenn er sich verkalkuliert, einen Festpreis abgegeben
hat und nachbessern muß.

3.

Der Stundenaufwand für die einzelnen Arbeitsschritte beruht auf Erfahrungswerten, die verständlicherweise nur geschätzt werden können.

Dennoch kommt es vor, daß in einer der Stundensatzgruppen deutlich mehr Stunden aufgewandt werden, als in der Kalkulation vorgesehen. Das kann mit Termindruck zusammenhängen, der dazu führt, daß Designer und Konstrukteure auch Detailaufgaben teilweise selbst erledigen. Beliebte Aussage: "Bis ich das erklärt habe, hab' ich es selbst gemacht!" Oder daß zusätzliche, im Pflichtenheft nicht vorgesehene Wünsche kommen: "Das macht ihr doch noch mit?!"

Auf der Grundlage einer Kostenkalkulation einen Festpreis zu vereinbaren, ist nicht zu empfehlen. Es gibt immer Zwischenfälle, die nicht vom Auftragnehmer zu verantworten sind oder die – im Interesse eines guten Endprodukts – den angesetzten Zeitaufwand zu gering werden lassen. Auch wir haben uns bei der Stundenzahl, die in der Kalkulation angesetzt wurde, schon gewaltig verschätzt. Kein noch so ausführliches Informationsgespräch mit dem Auftraggeber über Art und Umfang der gewünschten Leistung kann verhindern, daß im Verlauf des Designprozesses unerwartete Ergebnisse, neue Vorgaben oder ganz einfach der "innovative Charakter" des Projekts für Überraschungen sorgen. Vieles ist mit einer guten Portion Realismus und Erfahrung abschätzbar, aber niemals alles. Ein Beispiel aus der jüngsten Zeit: Ein Hersteller medizintechnischer Geräte hatte uns den Auftrag gegeben, ein Gerät zu entwickeln, das in der Zahnarztpraxis die Handstücke in 15 Minuten wäscht, sterilisiert, desinfiziert, im Vakuum trocknet und ölt. Größe, Preis und Energieleistung waren vorgegeben. Es hörte sich einfacher an, als es war. Wir boten die Entwicklung für DM 400.000 an – am Ende kostete sie rund 2 Millionen. In diesem Fall hatten wir Glück, der Auftraggeber war verständnisvoll und akzeptierte die Nachtrags-angebote, da er selbst mit einem solchen Gerät keine Erfahrun-gen hatte. Wäre dies nicht so gewesen, hätten wir den Auftrag abbrechen müssen.

In solchen Fällen bewährt – und rechnet sich – ein guter mensch-licher Kontakt zum Kunden. Was beide Seiten dafür tun können, darauf komme ich an anderer Stelle noch zu sprechen. Grundla-ge für ein gutes Verhältnis ist aber eine transparente, verständli-che Kalkulation, die keinen übervorteilt.

Was ist zu tun, wenn die Kalkulation nicht stimmt und der Auf-wand erheblich höher wird als erwartet? Da kann ich auch nur einen Rat geben: zu Kreuze kriechen und erklären, warum, wie-so, weshalb!? Sagen Sie Ihrem Kunden, was "Sache ist" und warum Sie sich verkalkuliert haben. Jeder Auftraggeber weiß, daß es kaum einen Designer gibt, der mit Absicht Zeit- und Ko-stenüberschreitungen produziert oder nach der "Salamitaktik" arbeitet.

Häufig liegen die Gründe für Überschreitungen darin, daß im Verlauf des Designprozesses immer mehr Zusatzwünsche auftau-chen, die das Projekt verteuern. Ich kann jedem nur dringend ra-ten, sämtliche Veränderungen des Leistungsangebots und sämt-liche Zusatzleistungen zu protokollieren und diese Protokolle ge-genzeichnen zu lassen. Nicht einfach hinnehmen und machen! Falls die Zusatzforderungen ausufern, erstellen Sie ein Nach-tragsangebot, werkeln Sie nicht einfach weiter. Jeder Kunde ver-steht, daß sich die Kosten erhöhen, wenn er etwas Zusätzliches verlangt.

3.

Das Designhonorar

(Genauer: Designnutzungshonorar)

Bleibt schließlich als ein wichtiger Verhandlungspunkt, um den es immer wieder Verwirrung gibt, das sogenannte Designhonorar (Nutzungserlaubnis für das Urheberrecht). Man kann es entweder in den Stundensatz einrechnen oder getrennt ausweisen.

Wir haben uns für das letztere entschieden, auch im Interesse unserer Klienten. Denn es kann passieren, daß zur Optimierung eines Auftrags über das Angebot hinaus zusätzliche Stunden notwendig werden (Nachtragsangebot). Ist das Designhonorar im Stundensatz integriert, würde der Kunde am Ende ein überhöhtes Designhonorar zahlen. Wir weisen es gesondert aus, und dabei sind vier Abrechnungsformen möglich:

1. **Das monatliche Fixum**

   Es ist in Form eines Rahmenvertrages nur bei langfristiger Zusammenarbeit und bei Unternehmen sinnvoll, die viele Produkte in ihrem Programm haben und pro Jahr mehrere neue Produkte auf den Markt bringen.

2. **Das Pauschalhonorar**

   Hier wird zur Abgeltung der Designleistung nach Abschluß der Konzeptionsphase ein Pauschalbetrag fällig. Es ist die Vereinbarung, die wir mit den meisten unserer Partner treffen.

3. **Die Umsatzbeteiligung**

   Sie bedeutet: busse design ulm ist mit vollem Designhonorar mit dem Produkt verbunden, da eine Honorierung erst bei Markterfolg eintritt.

4. Das Erfolgshonorar

Hierbei zahlt der Kunde kein Designhonorar, wenn
es am Ende zu keiner befriedigenden Lösung kommt. Weil der
Designer dabei einen Teil des Risikos trägt, ist das Erfolgshonorar grundsätzlich doppelt so hoch wie das Pauschalhonorar.

Selbstverständlich ist es auch möglich, die verschiedenen Ho-
norarformen miteinander zu kombinieren. Das Designhonorar ist
Vereinbarungssache. Auftraggeber und Auftragnehmer können
hier ihre Vorstellungen einbringen.

Wie hoch darf das Designhonorar angesetzt werden? Dafür läßt
sich kein Berechnungsschema angeben, die Höhe des Betrags ist
abhängig vom eigenen Marktwert, vom Produkt und dem
Unternehmen, das den Auftrag zur Entwicklung gegeben hat.
Fällig ist das Honorar nach Erstellung des Designkonzepts –
denn danach könnte der Auftraggeber zur Not selbst weiter-
werkeln.

Die Größenordnung, in der wir uns dabei bewegen, liegt durchschnittlich zwischen DM 4.000 und DM 50.000 (nach oben gibt es
selbstverständlich keine Grenze). Die folgende Liste soll einen Eindruck vermitteln, wie hoch die Designhonorare für unterschiedli-
che Produktentwicklungen angesetzt werden:

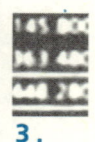

3.

Staubsauger	DM	50.000,-
Insulinspritze	DM	4.000,-
Spezialteil Pkw	DM	8.000,-
Bohrhammer	DM	30.000,-
Lkw-Stoßstange	DM	5.000,-
med. Analysegerät	DM	8.000,-
Wasserfilter	DM	10.000,-
Fahrradkindersitz	DM	30.000,-
Schwingschleifer	DM	10.000,-
Brotschneidemaschine	DM	25.000,-

Wird das Designhonorar nicht pauschal, sondern auf Beteiligungsbasis abgerechnet, so liegt diese zwischen 0,5 und 10% vom Nettoerlös, je nachdem, ob es sich um eine Massenproduktion oder aber eine Kleinstserie handelt.

Die bei busse design ulm angefallenen Aufwendungen lagen in allen Fällen insgesamt etwa im Rahmen des Angebotes. Diese "Kalkulationssicherheit" ist zum einen auf die lange Erfahrung zurückzuführen, die wir mit der Produktentwicklung haben, zum anderen aber auch darauf, daß die Abläufe bei busse design ulm in vielen Jahren sehr effizient gestaltet worden sind. Projekt- und Terminpläne werden sehr sorgfältig erstellt – oft mit dem Klienten – und ernst genommen.

Projektbeispiele

An einigen konkreten Beispielen aus den vergangenen acht Jahren möchte ich zeigen, wie eine Kostenkalkulation, ein Angebot aussieht, bzw. was abgerechnet wurde.

Ausgangspunkt ist das Leistungsmenü, mit einem Zeitplan verbunden, aus dem auch hervorgeht, wo der Entwicklungsauftrag steht und welcher Zeitaufwand bisher angefallen ist.

Arbeitsschritte

1. Produktinformation
2. Designkonzept
3. Ergonomiegestaltung
4. Designentwurf
5. Designmodell
6. Produktgrafik
7. Präsentation/Besprechung
8. Konstruktion
9. Versuchsmodell
10. Versuche
11. Einzelteilzeichnung/Detaillierung
12. Funktionsmodell bauen und erproben
13. Konstruktion und ETZ überarbeiten
14. Prototyp bauen und erproben
15. ETZ ergänzen, überarbeiten
16. Zusammenstellungs- und Baugruppenzeichnung

Summe

Stundengruppe

Stundensatz

3.

Designkonzept, Ergonomiegestaltung, Bau von Proportionsmodellen, Formdefinition per CAD, CNC-Fertigung von detaillierten Modellen.

Die Designentwicklung erfolgte simultan zur Produktentwicklung beim Kunden im Rahmen einer langjährig erprobten Zusammenarbeit.

Kalkulation:

Stundengruppe

1	1350 Stunden à DM 140	DM 189.000
2	175 Stunden à DM 88	DM 15.400
3	550 Stunden à DM 90	DM 49.500
	Summe	DM 253.900

Designhonorar* = monatl. Fixum DM 5.000,-

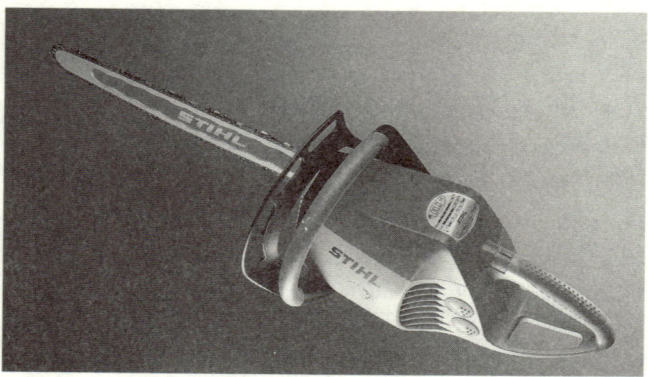

*   siehe Seite 52

Termin- und Kostenplan

Kunde: Projektbeispiel 1
Projekt-Name: Motorsäge
Projekt-Stufe: Designentwicklung
Projekt-Nummer:
Projekt-Angebot:

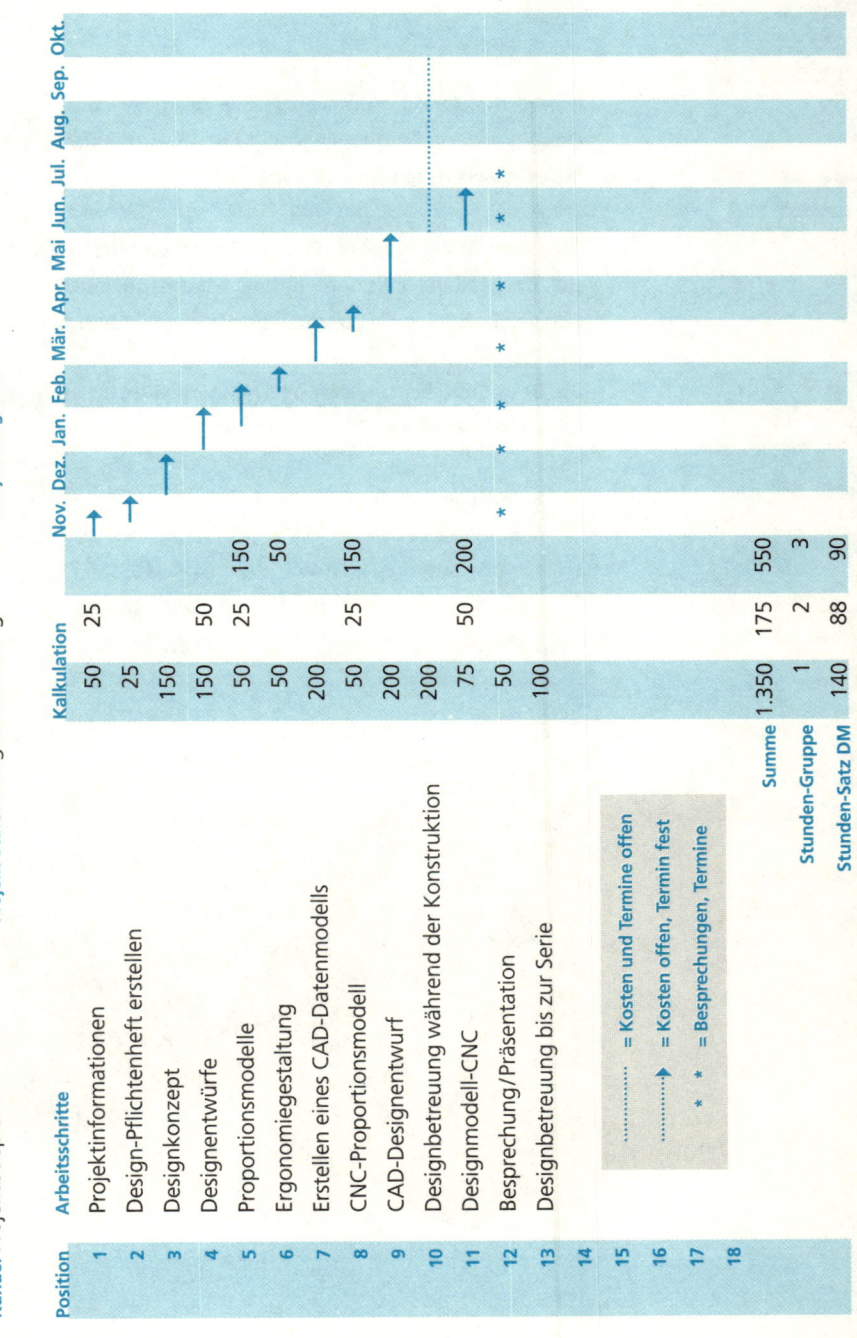

Position	Arbeitsschritte	Kalkulation		
1	Projektinformationen	50	25	
2	Design-Pflichtenheft erstellen	25		
3	Designkonzept	150	50	
4	Designentwürfe	150		150
5	Proportionsmodelle	50	25	150
6	Ergonomiegestaltung	50		50
7	Erstellen eines CAD-Datenmodells	200		
8	CNC-Proportionsmodell	50	25	150
9	CAD-Designentwurf	200		
10	Designbetreuung während der Konstruktion	200		
11	Designmodell-CNC	75	50	200
12	Besprechung/Präsentation	50		
13	Designbetreuung bis zur Serie	100		
14				
15				
16				
17				
18				
	Summe	1.350	175	550
	Stunden-Gruppe	1	2	3
	Stunden-Satz DM	140	88	90

Monatsspalten: Nov. Dez. Jan. Feb. Mär. Apr. Mai Jun. Jul. Aug. Sep. Okt.

Legende:
- ········· = Kosten und Termine offen
- ↑ = Kosten offen, Termin fest
- * * = Besprechungen, Termine

3.

Designkonzept, Ergonomiegestaltung, Designmodelle, Konstruktion, Detaillierung und Prototypenbau.

Die Entwicklung erfolgte für einen Fernostkunden. Entwicklungsziel: Ein in allen Funktionen fertiger Staubsauger als Prototyp inklusive Einzelteil- und Zusammenstellungszeichnungen.

Die Betreuung bis zur Serie übernahm die Konstruktionsabteilung des Kunden.

Kalkulation:

Stundengruppe

1	1 340 Stunden à DM 140	DM 455.000
2	1 300 Stunden à DM 88	DM 144.400
3	1 860 Stunden à DM 90	DM 229.500
	Designhonorar*	DM 30.000
	Summe	DM 858.900

Termin- und Kostenplan

Kunde: Projektbeispiel 2

Projekt-Name: Haushaltstaubsauger
Projekt-Stufe: Komplett-Entwicklung

Projekt-Nummer:
Projekt-Angebot:

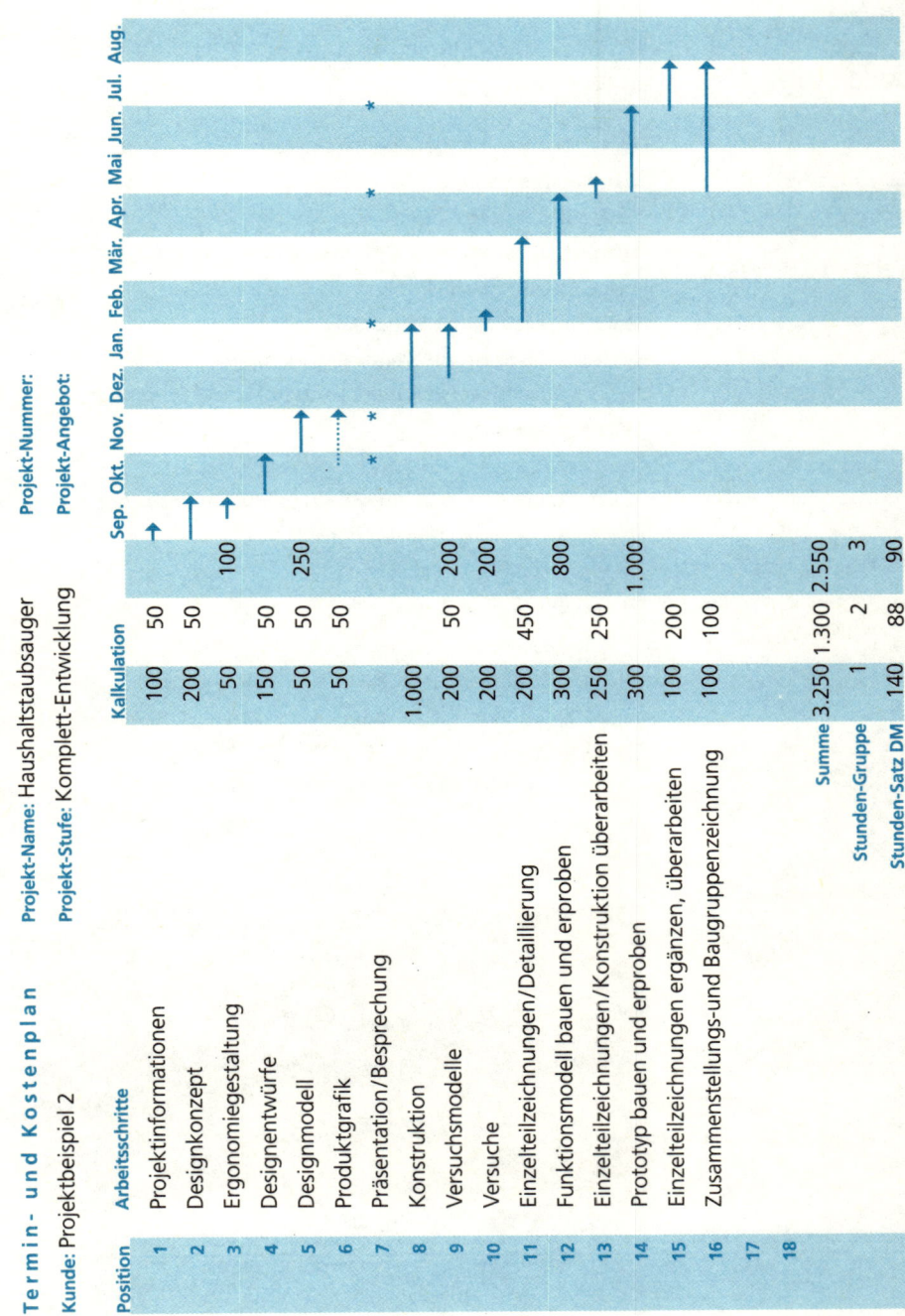

Position	Arbeitsschritte	Kalkulation			Sep.	Okt.	Nov.	Dez.	Jan.	Feb.	Mär.	Apr.	Mai	Jun.	Jul.	Aug.
1	Projektinformationen	100	50													
2	Designkonzept	200	50													
3	Ergonomiegestaltung	50		100												
4	Designentwürfe	150	50													
5	Designmodell	50	50	250												
6	Produktgrafik	50	50													
7	Präsentation/Besprechung															
8	Konstruktion	1.000														
9	Versuchsmodelle	200	50	200												
10	Versuche	200		200												
11	Einzelteilzeichnungen/Detaillierung	200	450													
12	Funktionsmodell bauen und erproben	300	800													
13	Einzelteilzeichnungen/Konstruktion überarbeiten	250	250													
14	Prototyp bauen und erproben	300		1.000												
15	Einzelteilzeichnungen ergänzen, überarbeiten	100	200													
16	Zusammenstellungs-und Baugruppenzeichnung	100	100													
17																
18																
	Summe	3.250	1.300	2.550												
	Stunden-Gruppe	1	2	3												
	Stunden-Satz DM	140	88	90												

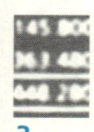

3.

Entwicklung mit folgenden Parametern:

Zweihandbedienung

Große Reichweite

Eventuell schwenkbarer Griff oder Griffbügel

Keine Splittung Profi/Freizeit

Hohe optische Anmutungsqualität

Weitgehend selbsterklärende Ergonomie

Ein Gehäuse für verschiedene Leistungen und Schnittlängen

Leicht wirkend

Durch hohe Designqualität soll ein deutlicher Vorsprung zum Wettbewerb geschaffen werden

Kalkulation

Stundengruppe

1	450 Stunden à DM 140	DM 63.000
2	100 Stunden à DM 88	DM 8.800
3	330 Stunden à DM 90	DM 29.700
	Designhonorar*	DM 15.000
	Summe	DM 116.500

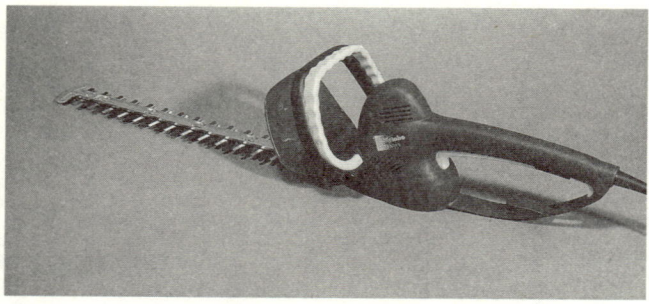

* siehe Seite 52

Termin- und Kostenplan
Kunde: Projektbeispiel 3

Projekt-Name: Heckenschere elektrisch
Projekt-Stufe: Designentwicklung

Projekt-Nummer:
Projekt-Angebot:

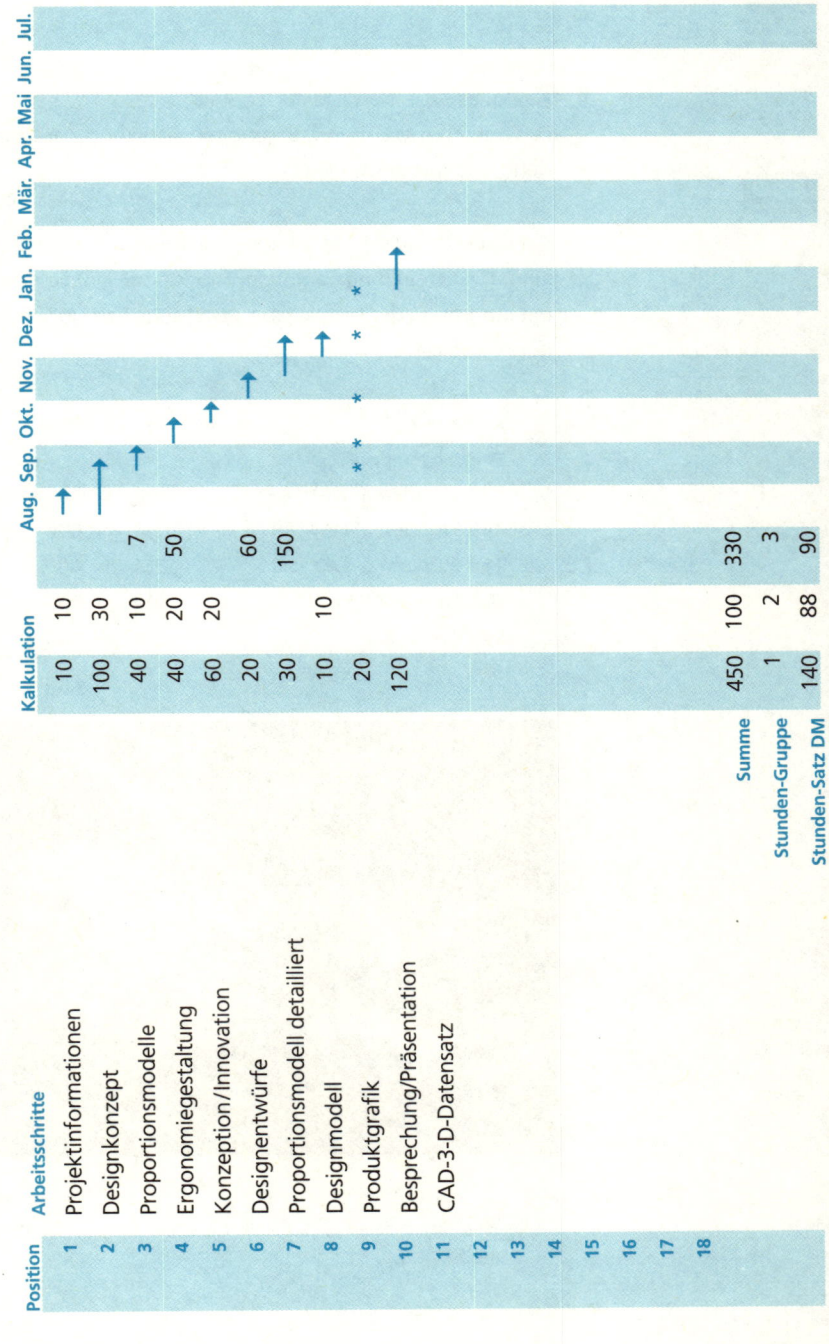

Position	Arbeitsschritte	Kalkulation			Aug.	Sep.	Okt.	Nov.	Dez.	Jan.	Feb.	Mär.	Apr.	Mai	Jun.	Jul.
1	Projektinformationen	10	10													
2	Designkonzept	100	30													
3	Proportionsmodelle	40	10	7												
4	Ergonomiegestaltung	40	20	50												
5	Konzeption/Innovation	60	20													
6	Designentwürfe	20		60												
7	Proportionsmodell detailliert	30		150												
8	Designmodell	10	10													
9	Produktgrafik	20														
10	Besprechung/Präsentation	120														
11	CAD-3-D-Datensatz															
12																
13																
14																
15																
16																
17																
18																
	Summe	450	100	330												
	Stunden-Gruppe	1	2	3												
	Stunden-Satz DM	140	88	90												

3.

Designkonzept, Entwurf, Ergonomiegestaltung, Modellbauzeich-
nung, Proportionsmodell.

Die Projektbearbeitung erfolgte simultan zur Mechanikentwick-
lung. Die Umsetzung vom Proportionsmodell in die Konstruktion
mit Ermittlung der Formkontur vom Modell erfolgte durch den
Kunden selbst.

Kalkulation:

Stundengruppe

1	420 Stunden à DM 140	DM 58.800
2	100 Stunden à DM 88	DM 8.800
3	160 Stunden à DM 90	DM 14.400
	Designhonorar*	DM 25.000
	Summe	DM 107.000

*   siehe Seite 52

Termin- und Kostenplan

Kunde: Projektbeispiel 4

Projekt-Name: Rasenmäher-Familie
Projekt-Stufe: Designentwicklung

Projekt-Nummer:
Projekt-Angebot:

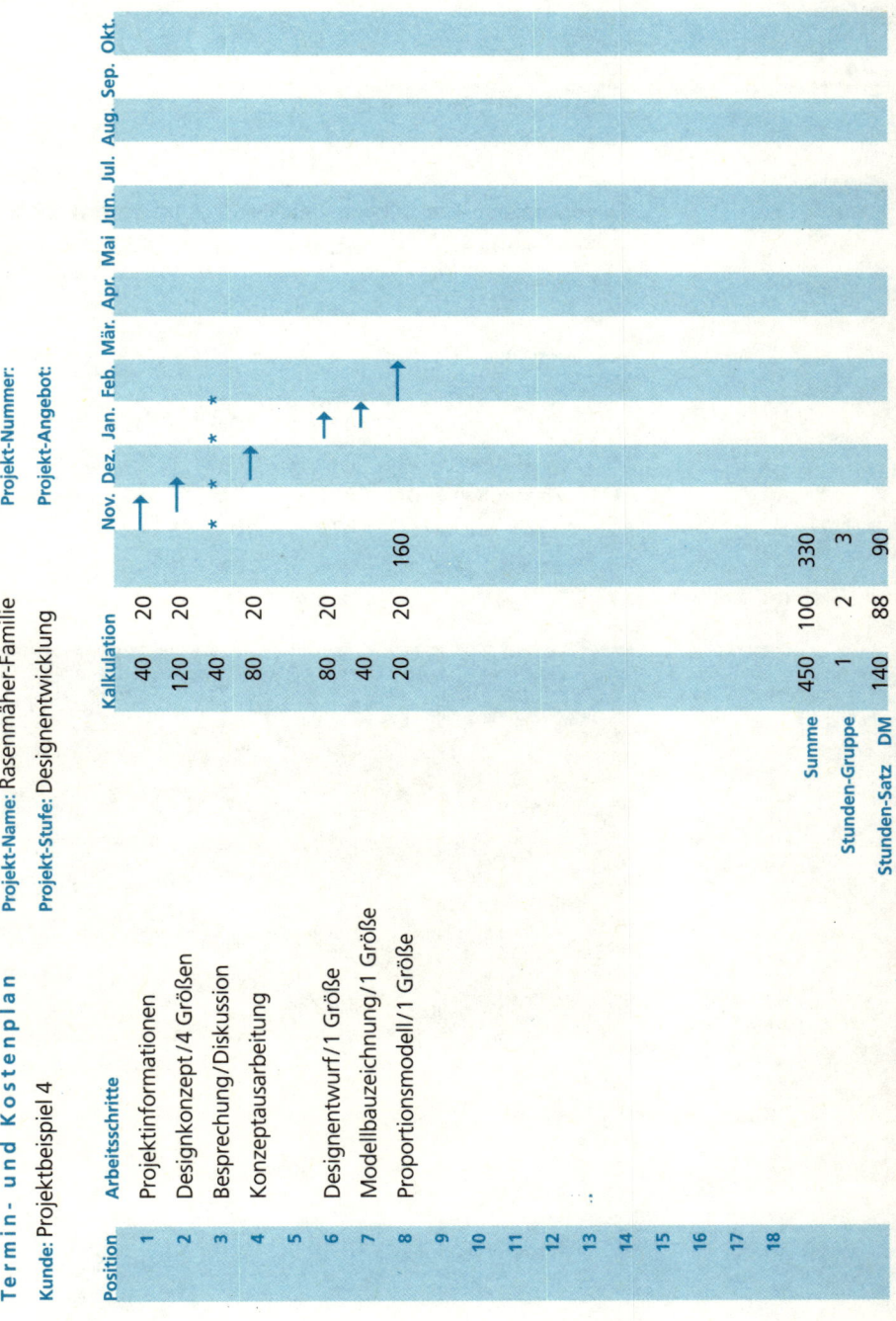

Position	Arbeitsschritte	Kalkulation			Nov.	Dez.	Jan.	Feb.	Mär.	Apr.	Mai	Jun.	Jul.	Aug.	Sep.	Okt.
1	Projektinformationen	40	20													
2	Designkonzept/4 Größen	120	20													
3	Besprechung/Diskussion	40		*												
4	Konzeptausarbeitung	80	20													
5																
6	Designentwurf/1 Größe	80	20													
7	Modellbauzeichnung/1 Größe	40														
8	Proportionsmodell/1 Größe	20	20	160												
9																
10																
11																
12																
13																
14																
15																
16																
17																
18																
	Summe	450	100	330												
	Stunden-Gruppe	1	2	3												
	Stunden-Satz DM	140	88	90												

Projektbeispiel 5: Venenstaubinde

Redesign einer Venenstaubinde.

Designkonzept, Konstruktion, Detaillierung und Prototypenbau einer Venenstaubinde. Zielsetzung: Gestaltung und Funktion zu optimieren:

Kalkulation:

Stundengruppe

1	135 Stunden à DM 140	DM	18.900
2	70 Stunden à DM 88	DM	6.160
3	75 Stunden à DM 90	DM	6.750
	Designhonorar*	DM	5.000
	Summe	DM	36.810

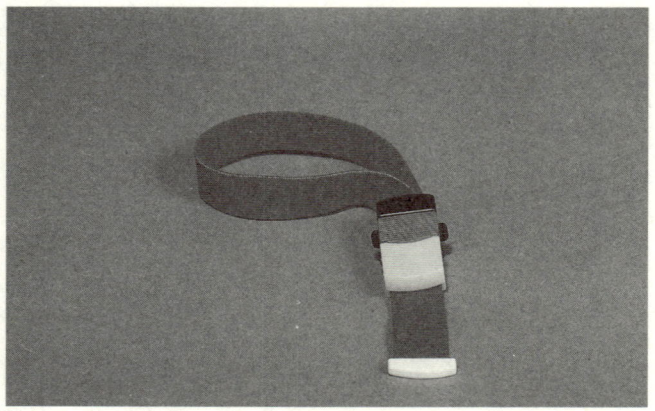

*   siehe Seite 52

Kunde: Projektbeispiel 5

Projekt-Name: Venenstaubinde
Projekt-Stufe: Komplett-Überarbeitung

Projekt-Nummer:
Projekt-Angebot:

Jun. Jul. Aug. Sep. Okt. Nov. Dez. Jan. Feb. Mär. Apr. Mai

Position	Arbeitsschritte	Kalkulation		
1	Projektinformationen	5		
2	Designkonzept	15		
3	Vorkonstruktion	20	5	5
4	Designentwurf	20	5	
5	Konstruktion	40		
6	Einzelteilzeichnungen/Detaillierung	10	50	
7	Prototyp bauen	5		60
8	Prototyp erproben	5		10
9	Einzelteilzeichnung fertigstellen	5	10	
10	Zusammenbauzeichnung	10		
11	Besprechung/Präsentation			
12				
13				
14				
15				
16				
17				
18				
	Summe	135	70	75
	Stunden-Gruppe	1	2	3
	Stunden-Satz DM	140	88	90

3.

Komplettentwicklung eines kleinen Elektro-Rasenmähers unter Verwendung eines vorgegebenen Elektro-Motors.

Gehäuse aus Kunststoff, Einzelradverstellung, Heckauswurf mit Fangsack.

Kalkulation:

Stundengruppe

1	1 140 Stunden à DM 140	DM 162.400
2	530 Stunden à DM 88	DM 46.640
3	1 860 Stunden à DM 90	DM 111.600
	Designhonorar*	DM 20.000
	Summe	DM 340.640

* siehe Seite 52

Termin- und Kostenplan

Kunde: Projektbeispiel 6

Projekt-Name: Elektro-Rasenmäher 32 cm
Projekt-Stufe: Komplettentwicklung

Projekt-Nummer:
Projekt-Angebot:

Position	Arbeitsschritte	Kalkulation			Nov.	Dez.	Jan.	Feb.	Mär.	Apr.	Mai	Jun.	Jul.	Aug.	Sep.	Okt.
1	Projektinformationen	40														
2	Designkonzept	120														
3	Ergonomiegestaltung	40		20												
4	Designentwürfe	80														
5	Proportionsmodelle	60	20	120												
6	Produktgrafik	10	10													
7	Konstruktion	300														
8	Versuchsaufbau/Versuche	80	60													
9	Einzelteilzeichnungen/Detaillierung	80	240													
10	Funktionsmodell bauen und erproben	70		260												
11	Einzelteilzeichnung überarbeiten	100														
12	Zusammenstellungszeichnungen/Stücklisten	100														
13	Prototyp bauen	80		620												
14	Prototyp erproben und optimieren		60	120												
15	Wertanalyse		80	40												
16	Betreuung während Werkzeugfertigung		60	60												
17																
18																
	Summe	1.160	530	1.240												
	Stunden-Gruppe	1	2	3												
	Stunden-Satz DM	140	88	90												

67

3.

Designkonzept, Konstruktion, Detaillierung und Prototypenbau eines kleinen und eines großen Cutters. Anwendungsbereich: Büro und Werkstatt.

Während die „Abbrech"-Klinge beim kleinen Cutter federgerastet ausschiebbar sein soll, muß beim großen Gerät die Klinge in jeder Position festgestellt werden können.

Kalkulation

Stundengruppe

1	320 Stunden à DM 140	DM 44.800
2	190 Stunden à DM 88	DM 16.720
3	220 Stunden à DM 90	DM 19.800
	Summe	DM 81.320

Designhonorar 4 % vom Nettoerlös*

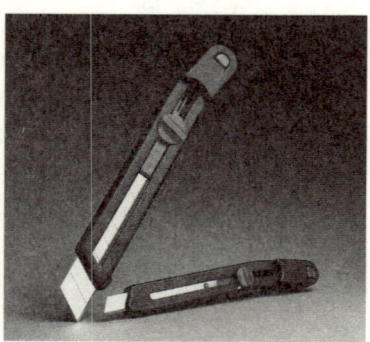

* siehe Seite 52

Termin- und Kostenplan

Kunde: Projektbeispiel 7

Projekt-Name: Cutter, groß und klein
Projekt-Stufe: Komplett-Entwicklung

Projekt-Nummer:
Projekt-Angebot:

Position	Arbeitsschritte	Kalkulation		
1	Projektinformationen	15		
2	Designkonzept	45		
3	Ergonomiegestaltung	20		20
4	Designentwürfe	30		
5	Designmodell, je 1 Stück	20	20	50
6	Produktgrafik	5	5	
7	Konstruktion	140		
8	Versuchsaufbau/Versuche	25		20
9	Einzelteilzeichnungen/Detaillierung	10	120	
10	Zusammenstellungszeichnungen/Stücklisten		15	
11	Prototyp bauen, je 1 Stück			120
12	Prototyp erproben und optimieren	10	10	10
13	Einzelteilzeichnung überarbeiten		20	
14	Betreuung während Werkzeugfertigung			
15	Besprechungen/Präsentationen			
16				
17				
18				
	Summe	320	190	220
	Stunden-Gruppe	1	2	3
	Stunden-Satz DM	140	88	90

Nov. Dez. Jan. Feb. Mär. Apr. Mai Jun. Jul. Aug. Sep. Okt.

69

3.

Projektbeispiel 8: Teletext-Controler

Designkonzept, Konstruktion, Detaillierung, Prototypbau, Einholen von Werkzeugangeboten und Betreuung bis zur Nullserie.

Das Gehäuse dient zur Aufnahme von zwei großflächigen Elektronik-Karten, die flach im Gerät liegen und durch geeignete Öffnungen quer durchlüftet werden. Ergänzend ist die Rückwand als Druckguß-Kühlkörper auszubilden.

Das Gerät soll gleichzeitig zur Verwendung bei unterschiedlichsten Anbietern unauffällig und dennoch eigenständig sein.

Kalkulation:

Stundengruppe

1	375 Stunden à DM 140	DM 52.500
2	245 Stunden à DM 88	DM 21.560
3	265 Stunden à DM 90	DM 23.850
	Designhonorar*	DM 10.000
	Summe	DM 107.910

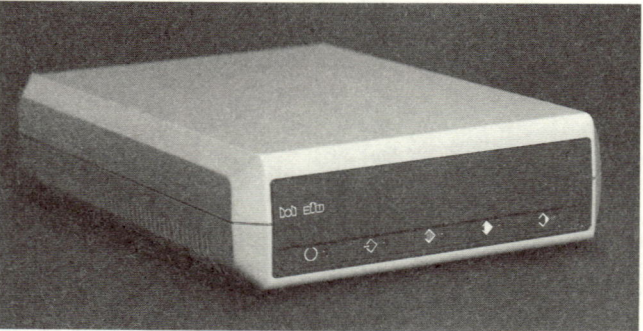

*   siehe Seite 52

Termin- und Kostenplan

Kunde: Projektbeispiel 8

Projekt-Name: Teletext-Controler
Projekt-Stufe: Komplett-Entwicklung

Projekt-Nummer:
Projekt-Angebot:

Position	Arbeitsschritte	Kalkulation		
1	Projektinformationen	20		
2	Designkonzept	60		
3	Proportionsmodelle	10		30
4	Designentwürfe	40		65
5	Designmodell	10	25	
6	Produktgrafik	10		
7	Konstruktion	120		
8	Detaillierung/Teilezeichnung	20	160	
9	Zusammenstellungszeichnungen/Stückliste	10	20	
10	Prototyp bauen, je 1 Stück	10		150
11	Prototyp erproben und optimieren	15		20
12	Einzelteilzeichnung überarbeiten	10	40	
13	Betreuung während Werkzeugfertigung	40		
14				
15				
16				
17				
18				
	Summe	375	245	265
	Stunden-Gruppe	1	2	3
	Stunden-Satz DM	140	88	90

Terminplan (Monate): Nov. Dez. Jan. Feb. Mär. Apr. Mai Jun. Jul. Aug. Sep. Okt.

3.

Entwicklung einer Steckdosen-Schaltuhr unter Verwendung eines bestehenden Schaltwerks.

Die Schaltuhr soll IP 54 genügen und in ihrer technischen Funktion durch einen Schiebeschalter aus- und eingeschaltet werden können.

Kalkulation:

Stundengruppe

1	450 Stunden à DM 140	DM 63.000
2	220 Stunden à DM 88	DM 19.360
3	180 Stunden à DM 90	DM 16.200
	Designhonorar*	DM 10.000
	Summe	DM 108.560

* siehe Seite 52

Termin- und Kostenplan

Kunde: Projektbeispiel 9

Projekt-Name: Steckdosen-Schaltuhr
Projekt-Stufe: Entwicklung

Projekt-Nummer:
Projekt-Angebot:

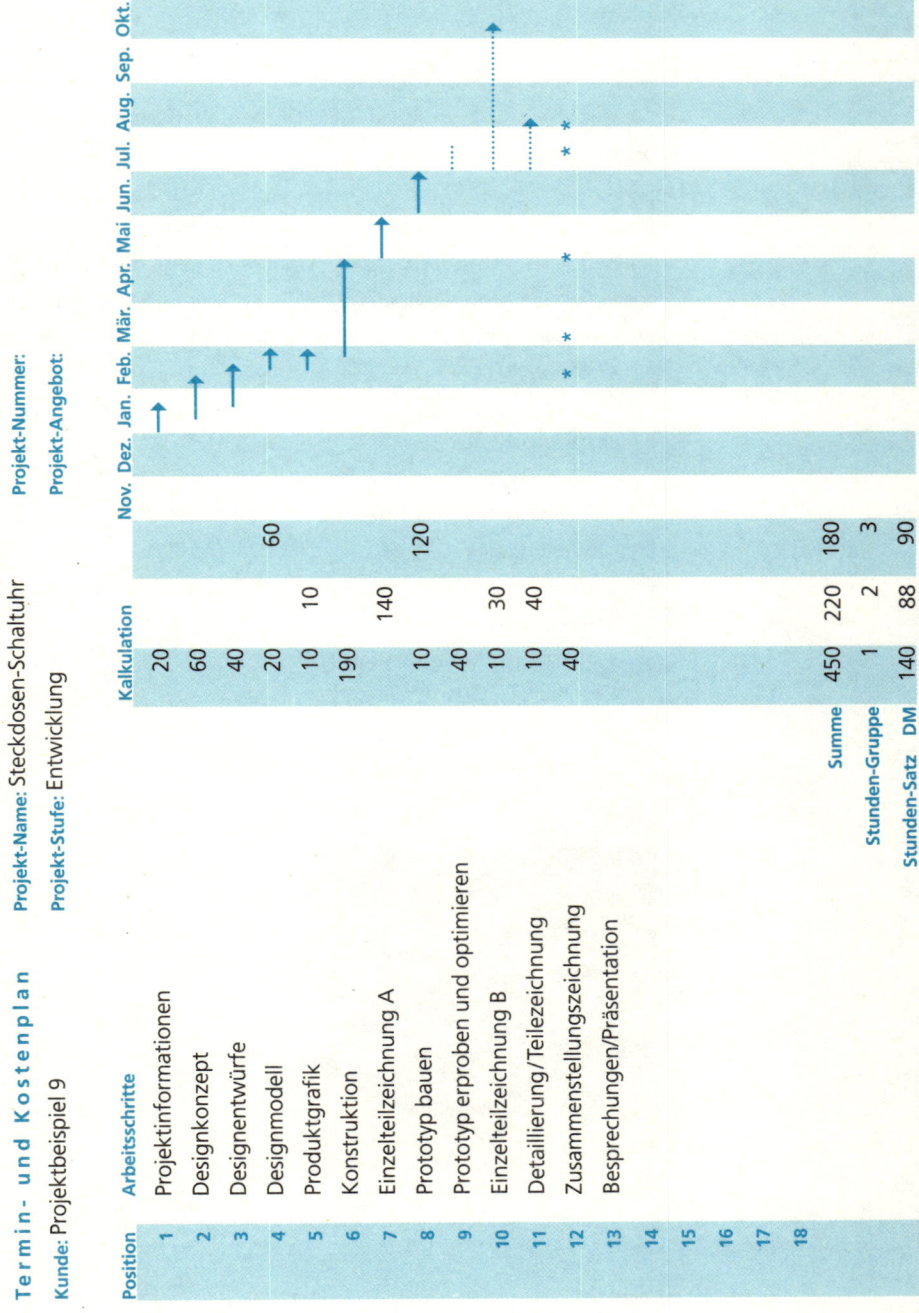

Position	Arbeitsschritte	Kalkulation			Nov.	Dez.	Jan.	Feb.	Mär.	Apr.	Mai	Jun.	Jul.	Aug.	Sep.	Okt.
1	Projektinformationen	20														
2	Designkonzept	60														
3	Designentwürfe	40														
4	Designmodell	20		60												
5	Produktgrafik	10	10													
6	Konstruktion	190														
7	Einzelteilzeichnung A		140	120												
8	Prototyp bauen	10														
9	Prototyp erproben und optimieren	40														
10	Einzelteilzeichnung B	10	30													
11	Detaillierung/Teilezeichnung	10	40													
12	Zusammenstellungszeichnung	40														
13	Besprechungen/Präsentation															
14																
15																
16																
17																
18																
	Summe	450	220	180												
	Stunden-Gruppe	1	2	3												
	Stunden-Satz DM	140	88	90												

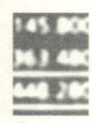

3.

Designkonzept, Konstruktion, Detaillierung, Werkzeugbau und Vorserienbetreuung.

Einsatz zur Programmierung von Steuerungen vor Ort. Das Gerät soll bequem in der Hand gehalten werden können, ohne daß deswegen die vorgegebenen Maße für Tastatur und Display reduziert werden müssen. Es ist durch ein Datenkabel mit der Steuerung gekoppelt.

Kalkulation:

Stundengruppe

1	400 Stunden à DM 140	DM 56.000
2	260 Stunden à DM 88	DM 22.800
3	160 Stunden à DM 90	DM 14.400
	Designhonorar *	DM 10.000
	Spritzgußwerkzeugsatz für	
	Unterschale, Oberschale und	
	Abdeckscheibe	DM 120.000
	Summe	DM 223.200

*   siehe Seite 52

Termin- und Kostenplan

Kunde: Projektbeispiel 10

Projekt-Name: Handprogrammiergerät
Projekt-Stufe: Komplett-Entwicklung

Projekt-Nummer:
Projekt-Angebot:

Position	Arbeitsschritte	Kalkulation			Nov.	Dez.	Jan.	Feb.	Mär.	Apr.	Mai	Jun.	Jul.	Aug.	Sep.	Okt.
1	Projektinformationen	10														
2	Designkonzept mit Proportionsmodellen	60														
3	Ergonomiegestaltung	10		20												
4	Designentwürfe	40														
5	Designmodell	10	20	100												
6	Produktgrafik	10	20													
7	Konstruktion	120														
8	Detaillierung/Teilezeichnung	20	120													
9	Einzelteilzeichnung überarbeiten	10	40													
10	Zusammenstellungszeichnung/Stückliste	10	40													
11	Betreuung während Werkzeugfertigung	60	20													
12	Spritzgußwerkzeugsatz bauen (separates Angebot)			20												
13																
14	Betreuung der Vorserie mit Werkzeugfreigabe	40		20												
15																
16																
17																
18																
	Summe	400	260	160												
	Stunden-Gruppe	1	2	3												
	Stunden-Satz DM	140	88	90												

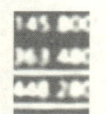

4. Grundlagen einer guten Zusammenarbeit

Vor kurzem hat busse design ulm eine Untersuchung durchgeführt, die Aufklärung darüber gibt, was für Auftraggeber, also Industrieunternehmen, die Designkonzeptionen und Entwicklungsarbeiten einkaufen, bei der Vergabe des Auftrags wichtig ist. Gefragt waren sechs Kriterien:
(Die Frage nach der Entfernung spielt, so glauben wir, in unserer Zeit mit Telefon, Fax, Internet, Videokommunikation usw. keine Rolle mehr.)

1. **Kompetenz und Leistungsfähigkeit des Anbieters**
   (Geben Sie Ihr Projekt lieber einem Kompetenten, von dem Sie wissen, daß er die Arbeit zu leisten in der Lage ist? Oder aber ist das für Sie nicht so wichtig, weil Sie ohnehin stark betreuen und deshalb auch einem Newcomer eine Chance geben können?)

2. **Prominenz des Designers/Entwicklungsbüros**
   (Ist der Bekanntheitsgrad eines Anbieters für Sie von Bedeutung?)

3. **Höhe der angebotenen Kosten**
   (Mit der Benotung dieses Kriteriums sollen Sie deutlich machen, inwieweit Sie diese Kosten als unwesentlich, wesentlich oder entscheidend für die Durchführung eines Projektes halten.)

4. **Transparenz bzw. Verständlichkeit des Angebots**
   (Wollen Sie die einzelnen Positionen kalkulatorisch ausgewiesen haben?)

5. **Zeitfaktor, Schnelligkeit, Termintreue**

(Wie wichtig ist Ihnen Termintreue? Können Sie es sich leisten, mit Verzögerungen zu leben oder sind Sie immer unter Termindruck?)

6. **Sympathiefaktor: Stimmt die Chemie?**

(Sind Sie der Meinung, daß es wichtig ist, mit den Menschen, mit denen Sie es zu tun haben werden, "zurechtzukommen"?)

Das Verblüffende am Ergebnis war, daß der Kostenfaktor erst an vorletzter Stelle für den Auftraggeber interesssant ist (siehe Grafik).

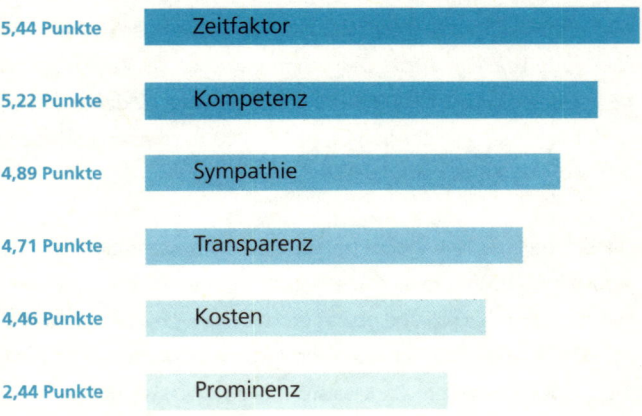

5,44 Punkte	Zeitfaktor
5,22 Punkte	Kompetenz
4,89 Punkte	Sympathie
4,71 Punkte	Transparenz
4,46 Punkte	Kosten
2,44 Punkte	Prominenz

Das überzeugende Angebot

Eine überzeugende Darstellung im Angebot ist das A und O. Was heißt überzeugend? Ganz einfach, ein transparentes Angebot, das der Klient verstehen kann. Hüten Sie sich davor, ihn zu unterschätzen: Er wird in der Regel sehr wohl erkennen, ob das Angebot, das der Designer gemacht hat, fair und richtig ist. Das

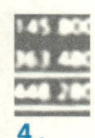

4.

einzige, was Dienstleister an einem Kunden interessiert, ist, wie schon gesagt, der nächste Auftrag. Dafür tun sie, die Designer, alles. Für mich sind Verträge, die das Ganze untermauern sollen, eher unwichtig. Der Kunde muß erleben, daß er optimal bedient wird.

Wie sieht ein gutes Angebot nun konkret aus? Es enthält eine strukturierte Aufgliederung der einzelnen Leistungsanteile sowie einen standardisierten Kosten- und Terminplan, in dem die Arbeitsschritte mit Zeitrahmen und den nach Erfahrung kalkulierten Stunden eingetragen sind. Bei einem Produkt mittlerer Komplexität setzen sich diese Kosten zusammen aus – sagen wir einmal – 120 Stunden zu DM 140 (Designer, Konstrukteure), 10 Stunden zu DM 88 (Zeichner), 60 Stunden zu DM 90 (Modellbau). Hinzu kommt nach Vorlage der Konzeption ein einmaliges Designhonorar, eben das Pauschalhonorar in Höhe von DM 10.000. Der Auftraggeber weiß, daß er insgesamt mit Kosten in Höhe von ca. DM 33.000 zu rechnen hat, zuzüglich Reisekosten, Material und Mehrwertsteuer.

Das standardisierte Angebot (später die Auftragsbestätigung) erhält jedoch auch noch Rubriken, die festhalten, wie mit Schutzrechten verfahren werden soll und ob das Produkt den Hinweis auf das Designbüro führen wird. Um noch vorhandene Unklarheiten auszuräumen, gibt es zu diesem Angebotsformular noch ausführliche Erläuterungen.

Bei erstmaliger Zusammenarbeit mit Externen wird der Auftraggeber in der Regel zwei oder drei Designer bitten, ein Angebot abzugeben. Danach gibt es drei Möglichkeiten: Es passiert nichts, Ihr potentieller Auftraggeber läßt einfach nichts mehr von sich hören. Sie können ihm einen Brief schreiben oder ihn anrufen und nachfragen, ob der Auftrag schon vergeben ist, und wenn ja, aus welchem Grunde Sie ihn nicht bekommen haben. Vielleicht lag Ihr Angebot so niedrig,

daß der Kunde Sie nicht für kompetent hielt, vielleicht ist es umgekehrt, Sie waren zu teuer, und die billigeren Kollegen machten ebenfalls einen kompetenten Eindruck.

Wenn Sie hören, daß das Angebot der Konkurrenz erheblich niedriger lag als das Ihre, dann machen Sie bitte nicht den Fehler, Ihre ge-
samte Kalkulation nachträglich über den Haufen zu werfen und an-
zubieten, ebenfalls für diesen Preis zu arbeiten. Nehmen wir an, Ihr
Angebot lag bei DM 100.000 und Sie erfahren, daß die Konkurrenz
die gleiche Leistung für DM 60.000 angeboten hat. Darüber dürfen
Sie sich wundern, aber jetzt zu sagen, "wir machen es auch für
60.000 Mark", ist nicht nur unseriös, sondern macht auch einen mie-
sen Eindruck. Sie können vielleicht vom Designhonorar noch 30%
nachlassen, weil Sie gerade Kapazitäten frei haben – aber das ist
auch das Äußerste. (Denn wenn Sie Kapazitäten frei haben, hätten
Sie ja gleich billiger anbieten können). Wenn Sie ordentlich kalkuliert
haben, können Sie von den angebotenen Stunden eventuell noch
bis zu 6% nachlassen – das ist unser kalkulierter Gewinn im Stundensatz – mehr wirkt schlicht unglaubwürdig.

Das Pflichtenheft

Wichtigster Bestandteil für ein Angebot ist das Pflichtenheft (Lasten-
heft, Briefing). Das Pflichtenheft regelt die beiderseitigen Leistungen
in bezug auf die Produktentwicklung. Es enthält Angaben über die
Zielgruppe, legt sämtliche gewünschten Produkteigenschaften
(Features) fest, regelt die patentrechtliche Situation und macht Aus-
sagen über Markt und Betriebsmittel.

Auftraggeber staunen oft, wie erkenntnisfördernd in bezug auf
das eigene Vorhaben ein Pflichtenheft ist. Ganz abgesehen davon,

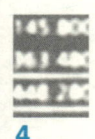

daß es die Spielregeln zwischen ihm und seiner "verlängerten Werkbank" festlegt. Vor allem, wenn es mit dem Designer und Entwickler gemeinsam erarbeitet wurde.

Das DIN-Pflichtenheft ist sehr knapp und beinhaltet nicht alles, was den Designer interessiert. Um die Aufgabe im Sinne des Kunden zu lösen, benötigen Sie so viele Hintergrundinformationen über das Unternehmen, das Produkt, den Markt und die Zielgruppe wie nur möglich.

Ein Pflichtenheft ist nicht statisch, sondern dynamisch: Es soll sich entsprechend dem Fortschritt der Arbeiten weiterentwickeln und enthält sämtliche Anforderungen an das zu entwickelnde Produkt. Es dürfte wohl keinen Auftrag geben, bei dem alle Punkte unserer Checkliste zum Tragen kommen und abgearbeitet werden müssen. Andererseits gibt es aber auch spezielle Forderungen, die mehrere Seiten Zusatzinformationen benötigen.

Wie ein solches Pflichtenheft aussieht und welche Informationen es enthalten soll, zeigt die folgende Auflistung. Wird es nach dieser Checkliste vom Unternehmen in Zusammenarbeit mit dem Designer und/oder Entwickler erstellt, führt das in vielen Fällen auch dazu, daß der Auftraggeber sich über das Vorhaben, vor allem was die Kosten angeht, ein besseres Bild machen kann. Denn ein Pflichtenheft ist nichts anderers als eine Wunschliste, und es kann sehr teure Wünsche geben.

Pflichtenheft

Die Firma: (Auftraggeber):

Die genaue Bezeichnung des Unternehmens ist wichtig, und zwar so, wie es im Handelsregister eingetragen ist. Das spart Zeit im Klagefalle. Für unsere Statistik fragen wir noch ab: den Umsatz pro Jahr und die Anzahl der Beschäftigten.

Der Mentor:

ist für den Auftragnehmer verantwortlich und ist seine Bezugsperson, und nur er hat ihm Anweisungen zu geben. Sollte sie in Urlaub gehen, krank werden oder sterben, hat sie einen Vertreter oder Nachfolger. Es sollte ein Mentor sein, der mit dem externen Projektleiter menschlich und fachlich gut harmoniert und für den Technologietransfer ins eigene Unternehmen sorgt.

Die Produktbezeichnung:

kann eine Nummer oder ein Arbeitstitel sein oder auch schon die spätere, richtige Bezeichnung.

Der Markt:

Über ihn sollte der Auftragnehmer alle Informationen erhalten, die für ihn interessant oder wichtig sind, wie:

- Zielgruppe
- Mitbewerber
- Unterlagen über Mitbewerber
- Produktkosten/Produktkosten der Mitbewerber
- (HK = Herstellkosten, VK= Verkaufskosten)
- Weltmarktvolumen
- Europamarktvolumen
- Inlandsmarktvolumen
- Marktanteil Inland – Europa – weltweit geplante Stückzahl pro Jahr

4.

- Produktionsdauer (Amortisationszeit)
- voraussichtliche Gesamtstückzahl
- Vertriebsweg (Einzel- oder Versandhandel, Direktvertrieb usw.)
- Verkaufsort (Schauraum, Vorführung beim Kunden usw.)

Termine

- Fertigungsbeginn
- Markteinführungstermin
- Exportstart
- Relevante Messen und Ausstellungen

Entwicklung

- vom Auftraggeber geschätzte Gesamtentwicklungskosten
- vom Auftraggeber geschätzte Werkzeugkosten
- Investitionswert(Marktbereitstellungskosten, bis das erste Stück verkauft ist.) In diesen Kosten sind sowohl die Entwicklung als auch die Konstruktion, Werkzeuge, Vorbereitung der Produktion, Werbung, Verkaufsförderung und Lagerbildung enthalten.
- Fördermittel, die vom Staat oder anderen Einrichtungen gewährt werden
- Nennung der Entwicklungsarbeiten, die vom Auftraggeber selbst übernommen werden

Funktion der Technik

- Produktbeschreibung
- Werkstoffe
- Antriebsenergien
- Service
- Lebensdauer/Garantiezeit
- Konstruktionskriterien (vorgegebene Maße, Normen, VDE, TÜV usw.)

- Angestrebte Prüfsiegel oder Gütezeichen
- Umwelteinflüsse
- Schutzklasse
- Durch Vorschriften vorgegebene Farbgestaltung
- Vandalismussicherheit
- Geräuschpegel/akustische Ästhetik
- Temperaturen (innen/außen/Umgebung)
- Testberichte

Funktion der Ergonomie

- Einsatzort
- Bedienung/Nutzung durch welche Personengruppe
- Häufigkeit der Bedienung/Nutzung
- Bedienung/Nutzung bei Dämmerung oder Dunkelheit
- Transportmöglichkeit (Bereitschaftstaschen, Griffe, Rollen)
- Verpackung

Funktion der Fertigung

- Maschinenpark/Einrichtungen
- Fertigungsmethoden
- Material vorgegeben/ausgeschlossen
- Eigenmontage (automatische Fertigung/Robotik)
- Heimarbeit/Fremdmontage/Kundenmontage

Funktion der Ästhetik

- optische, haptische, akustische, olfaktorische, gustatorische
- Produktanmutung

Produktgrafik

(Skalen, Firmenzeichen, Beschriftungen zur Erläuterung der Handhabung, Typenschilder)

4.

- Fremde Schutzrechte (evtl. entgegenstehend)
- Eigene Schutzrechte
- Lizenzsituation (Kann man eine Lizenz erwerben, und will man das auch)
- Recherchen

Das Ganze wird von den Beteiligten unterzeichnet plus Datum plus Kürzel.

Diese präzise Vorarbeit für einen Auftrag zahlt sich aus. Unsere Rechtsanwaltskosten sind sehr niedrig, unsere Kundenbeziehungen sind hervorragend und offenbar für beide Seiten hochbefriedigend. Leistung macht sich bezahlt. Transparenz auch. Gerichtliche Auseinandersetzungen über Leistungs- und Honorarfragen kommen bei uns seit Jahren nicht mehr vor. Ich muß allerdings sagen, daß ich mich wegen 1000 oder DM 2000 auch nicht streite, wenn mir die Kundenbeziehung wichtig ist. Der Aufwand übersteigt in der Regel den Streitwert. In bislang fast 40 Jahren belaufen sich unsere Verluste für Nachbesserungen, Zahlungsausfälle durch Konkurse und Vergleiche auf rund 1 Million, ein im Vergleich zu der Zahl der Projekte und erfolgreich abgewickelten Aufträge in diesem Zeitraum eine lächerlich geringe Summe.

Vertragsbedingungen
busse design ulm (bdu)

1. Allgemein
Die nachstehenden Bedingungen sind für jeden mit bdu ge-
schlossenen Vertrag ausschließlich maßgebend. Dies gilt insbesondere auch im Falle entgegenstehender Bedingungen des
Auftraggebers. Abweichungen von unseren Bedingungen sind
nur gültig, wenn sie von uns schriftlich bestätigt werden.

2. Vertragsgegenstand
Der Vertragsgegenstand ergibt sich aus den Angebots-/Auftrags-
formularen in Verbindung mit diesen Vertragsbedingungen, dem
Pflichtenheft und Terminplan.

3. Geheimhaltung
bdu verpflichtet sich, die durch Zusammenarbeit mit dem Auftraggeber bekanntwerdenden Tatsachen der Forschungs- und
Entwicklungsarbeit sowie sonstige Geschäftsgeheimnisse des
Auftraggebers vertraulich zu behandeln.

4. Vergütung
Die Höhe des Vergütungsanspruchs geht aus dem Angebot bzw.
der Auftragsbestätigung hervor. Die vereinbarten Preise verstehen sich zuzüglich Mehrwertsteuer in der jeweils bei Rechnungsstellung geltenden Höhe, ohne Skonto und sonstige Nachlässe.
Nebenleistungen (wie z. B. Reise-, Material-, Transportkosten)
werden zusätzlich berechnet.

Ab 1.1. eines jeden Jahres erhöhen sich die Stundensätze für
einen laufenden Auftrag um die prozentualen Zuschläge des

württembergischen Metall-Tarifabschlusses des vergangenen Jahres.

5. Zahlungsbedingungen

Die Vergütung ist, sofern nichts anderes vereinbart wurde, ohne Abzug 14 Tage ab Rechnungsstellung bdu Elchingen fällig. Skontoabzug ist ohne gesonderte Vereinbarung grundsätzlich nicht zulässig.

Kommt der Auftraggeber in Zahlungsverzug, hat er Verzugszinsen in Höhe von 5% über dem jeweiligen Diskontsatz der Deutschen Bundesbank, jeweils zuzüglich Mehrwertsteuer zu entrichten. Die Verzugszinsen sind höher oder niedriger anzusetzen, wenn bdu eine Belastung mit höherem Zinssatz oder der Auftraggeber eine niedrigere Belastung nachweist.

Der Vertragspartner kann mit den Ansprüchen von bdu nur aufrechnen, wenn die Gegenforderung von bdu unbestritten ist oder ein rechtskräftiger Titel vorliegt; ein Zurückbehaltungsrecht kann der Auftraggeber nur geltend machen, soweit es auf Ansprüchen aus diesem Vertragsverhältnis beruht.

6. Vergütungsänderung

Ergibt sich während der Auftragsdurchführung das Erfordernis einer umfangreicheren zeitlichen Bearbeitung als angeboten, ist bdu berechtigt, die nachweisbaren Mehrkosten ohne besondere Vereinbarung bis zu einem Betrag von 15% des vereinbarten Auftragsvolumens in Rechnung zu stellen.

Wird das vereinbarte Auftragsvolumen voraussichtlich um mehr als 15% überschritten, so ist bdu verpflichtet, den Auftraggeber in Kenntnis zu setzen und berechtigt, ihm ein neues Angebot zu unterbreiten, sofern es sich nicht um eine Auftragserweiterung infolge zusätzlicher Wünsche des Auftraggebers handelt. Nimmt der Auftraggeber das neue Angebot nicht an, ist er berechtigt, vom Vertrag zurückzutreten. In diesem Falle steht bdu die Vergütung für die im Rahmen des Angebots bisher geleisteten Arbeiten, einschließlich des gesamten Design-Honorars zu.

7. Lieferzeiten

Ist eine Überschreitung des Liefertermins aus konstruktions- und/oder entwicklungstechnischen Gründen erforderlich, ist bdu berechtigt, den Lieferzeitpunkt um 6 Wochen zu überschreiten.

Nach Ablauf der 6 Wochen Frist kann bdu vom Auftraggeber in Verzug gesetzt werden.

Die Haftung für Verzugsschäden wird – soweit gesetzlich zulässig – ausgeschlossen. Bei der fahrlässigen Verletzung von Hauptpflichten ist ein Verzugsschaden auf typische und voraussehbare Schäden begrenzt. Der Anspruch auf Lieferung ist in den Fällen des Rücktritts oder Schadensersatzes ausgeschlossen. Einen Verzögerungsschaden kann der Auftraggeber nur verlangen, wenn bdu Vorsatz oder grobe Fahrlässigkeit zur Last fällt. Soweit beim Verzögerungsschaden der Ausschluß der leichten Fahrlässigkeit bei Verletzung von Hauptpflichten in diesen AGB unwirksam ist, beschränkt sich die Haftung von bdu auf typische und voraussehbare Verzögerungsschäden.

8. Übernahme, Abnahme und Gefahrübergang

Der Auftraggeber hat das Entwicklungsresultat nach Anzeige der Bereitstellung bei bdu oder an einem anderen vereinbarten Ort abzunehmen und zu übernehmen. Mit der Abnahme geht die Gefahr auf den Auftraggeber über. Kommt der Auftraggeber in Verzug der Annahme, so geht die Gefahr ab diesem Zeitpunkt

4.

auf ihn über. Erfolgt die Übergabe nicht bei bdu, geht die Gefahr auf den Auftraggeber über, sobald die Entwicklung einer Transportperson übergeben wurde.

Transportkosten trägt der Auftraggeber. bdu ist berechtigt, auf Kosten des Auftraggebers eine Transportversicherung abzuschließen.

9. Eigentumsvorbehalt

Bis zur vollständigen Bezahlung sämtlicher Ansprüche aus den Geschäftsbeziehungen mit bdu bleiben alle Rechte an der Entwicklung im Eigentum von bdu, insbesondere Urheberrechte, Geschmacksmusterrechte, Gebrauchsmusterrechte, Patente sowie das Eigentum am hergestellten Produkt/Entwicklung.

10. Aus der Tätigkeit entstehende Rechte, Arbeitnehmerfindungen

Der Auftraggeber hat bdu von etwaigen Ansprüchen nach dem Arbeitnehmerfindergesetz freizustellen.

11. Werbung

Falls vereinbart, wird dem Auftraggeber erlaubt, auf der Entwicklung sowie in allen Werbeunterlagen und sonstigen Veröffentlichungen, die Namensnennung „busse design ulm" vorzunehmen. bdu ist berechtigt, in Veröffentlichungen auf seine Mitarbeit an dem jeweiligen Vertragsgegenstand hinzuweisen.

12. Übertragung des Designs auf andere Gegenstände

Das Design oder Elemente hieraus dürfen auf andere Gegenstände als die vertraglich vereinbarten nur mit Einverständnis von bdu übertragen werden.

13. Freiexemplar

bdu hat Anspruch auf ein gemäß dem Design produziertes Frei-exemplar, soweit die Selbstkosten beim Auftraggeber DM 2.000 nicht überschreiten. Bei höheren Selbstkosten muß bdu den dar-über hinausgehenden Betrag – wenn auf einem Belegmuster be-standen wird – an den Auftraggeber bezahlen. Verzichtet bdu auf das Freiexemplar, besteht Anspruch auf Farb- und Schwarz-weiß-Fotos in Form von Diapositiven und Negativen.

14. Gewährleistung und Haftung

bdu haftet für die Mangelfreiheit ihrer Konstruktionszeichnungen nur bei Vorsatz oder grober Fahrlässigkeit, wenn nach dem Willen des Bestellers kein Prototyp anhand der für die Entwicklung not-wendigen Konstruktionszeichnungen angefertigt werden sollte.

Für Schäden, die nach dem Stand von Wissenschaft und Technik nicht vorhersehbar waren, haftet bdu nicht.

Beauftragt der Auftraggeber bdu auch mit der Anfertigung eines Prototyps anhand der Konstruktionszeichnungen, so kann der Auftraggeber Mangelbeseitigungen der Entwicklung innerhalb von 6 Monaten ab Abnahme verlangen. Für Mangelfolgeschäden haftet bdu nur bei Vorsatz oder grober Fahrlässigkeit.

15. Haftung für Neuheit

bdu haftet nicht für die Neuheit des hergestellten Produkts.

16. Zessionsausschluß

Der Auftraggeber darf die ihm aus diesem Vertrag zustehenden Ansprüche und Rechte nicht übertragen.

4 .

17. Sonstiges

Ergänzungen und Änderungen sind nur gültig, wenn sie schriftlich erfolgt sind. Die Schriftform kann nicht mündlich abbedungen werden.

Erfüllungsort für alle Verpflichtungen aus diesem Vertrag ist, soweit nichts anderes vereinbart, 89275 Elchingen.

Für sämtliche gegenwärtige und zukünftige Ansprüche aus der Geschäftsbedingung unter Vollkaufleuten einschließlich Wechsel und Scheckforderungen ist ausschließlich Gerichtsstand 89231 Neu-Ulm. Der gleiche Gerichtsstand gilt, wenn der Auftraggeber keinen allgemeinen Gerichtsstand im Inland hat, nach Vertragsabschluß seinen Wohn- und Firmensitz aus dem Inland verlegt hat oder sein Wohn- oder Firmensitz zum Zeitpunkt der Klageerhebung nicht bekannt ist.

Ist oder wird eine dieser Bestimmungen ganz oder teilweise rechtsunwirksam, so werden die übrigen Bestimmungen davon nicht berührt. Die betroffene Bestimmung ist so auszulegen, wie sie in rechtswirksamer Weise dem Willen der Parteien am nächsten käme.

18. Datenschutz

Zum Zwecke der Vertragsabwicklung und Kundenbetreuung werden personen- und firmenbezogene Daten des Auftraggebers von bdu gespeichert.

30.01.95

Was die positive, langfristige Zusammenarbeit mit einem Kunden betrifft, kann ich noch einen ganz persönlichen Rat geben: Arbeiten Sie nur mit Leuten zusammen, die Sie mögen. Das mag sich

arrogant anhören, und Sie denken sich vielleicht: "Als ob ich mir
die Kunden nur nach meinem Geschmack aussuchen könnte!"
Aber meine Maxime, nur mit Firmen zusammenzuarbeiten, mit
deren Inhabern, Vorständen, Managern oder sonstigen leitenden
Mitarbeitern ich menschlich gut zurechtkomme, hat dazu geführt, daß wir nur sehr selten Probleme mit Auftraggebern haben. (Wie auch die schon zitierte Befragung belegt.) Dadurch
können wir die überwältigende Mehrzahl unserer Aufträge erfolgreich beenden – was wiederum andere, neue, sympathische
Auftraggeber veranlaßt, zu uns zu kommen.

Wie finde ich den richtigen Designer?

Für viele Unternehmen ist es noch keineswegs selbstverständlich,
mit externen Design-Dienstleistern zusammenzuarbeiten. Um es
einmal provozierend zu formulieren: Es gibt nicht genügend Unternehmen mit Mut zu gutem Design, und auf der anderen Seite
gibt es zu wenig Designer mit jener Bandbreite an Erfahrung
und Kompetenz, die sie wirklich zum Partner des Unternehmens,
nicht einfach zum Auftragnehmer im Entwicklungsprozeß
macht.

Denn was braucht die Industrie? Sie braucht die externe Entwicklung, in der von der Marketingidee über die Produktanalyse, die
Konstruktion bis hin zum Prototypenbau die Fäden zusammen-
laufen. Dieses Angebot ist nicht nur für die Klein- und mittelständische Industrie interessant, sondern auch für Großbetriebe – und
zwar dann, wenn die eigenen Abteilungen mit Entwicklungsspitzen nicht mehr fertig werden oder besondere Designprobleme zu
lösen sind.

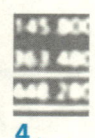

4.

Die Frage ist nur: Wie finden diese Firmen, und sie spreche ich jetzt an, den richtigen Designer, der "full service" nicht nur verspricht, sondern tatsächlich bieten kann? Wie gut ein Designer war oder ist, wird man schließlich immer erst dann wissen, wenn ein Großteil der Kosten bereits angefallen ist. Daher zuerst die Frage: Wie vermeidet man Enttäuschungen, wie findet man den Richtigen? Zunächst einmal sollten Sie sich fragen, wie Sie überhaupt zu der Handvoll Adressen gekommen sind, die für Sie als mögliche externe Entwicklungspartner in Frage kommen.

Ein Geschäftsfreund, ein Kollege in einem anderen Unternehmen, hat Ihnen die Frau/den Mann empfohlen? Nicht schlecht – im Prinzip sogar der beste Weg, vorausgesetzt Ihr Gewährsmann hat genügend Einblick in die Entwicklung in Ihrem Haus. Weiter vorausgesetzt, die Designer arbeiten nicht für die unmittelbare Konkurrenz, denn dann werden Sie wegen des Konkurrenzausschlusses (in der Regel mindestens ein Jahr nach dem letzten Rechnungsdatum) mit Ihnen nicht so schnell ins Geschäft kommen können.

Ein anderer Weg: Sie haben sich vom zuständigen Berufsverband, dem Verband Deutscher Industrie-Designer (VDID), das neueste Mitgliederverzeichnis schicken lassen, das zum Teil sehr instruktive Selbstauskünfte der Designer über ihr Leistungsangebot enthält? Das gibt Ihnen einen Vergleichsmaßstab, macht Ihnen die Entscheidung aber nicht unbedingt leichter.

Oder Sie haben sich von den staatlichen oder halbstaatlichen Design-Institutionen wie Rat für Formgebung, Frankfurt; Design-Center im Haus der Wirtschaft, Stuttgart; Design Zentrum Nordrhein Westfalen, Essen; Internationales Design Center IDZ in Berlin (siehe Anhang) Namen nennen lassen? Darauf würde ich mich nur verlassen, wenn ich den Gewährsmann in diesen Instituten persönlich kenne und weiß, daß er mit den Problemen und Aufgaben meines Unternehmens vertraut ist. Aus der Anonymität heraus ist schlecht raten, und mit einer bloßen Liste in der Hand ist Ihnen nicht gedient.

Möglicherweise haben Sie eine Abschlußarbeiten-Ausstellung einer Hochschule, eine Designbörse der jungen Talente besucht? Lobenswert. Allerdings müssen Sie bedenken, daß es sich dabei um junge Leute handelt, die zwar den Kopf voller Ideen, aber kaum Berufspraxis haben und in aller Regel den vielgerühmten "full service" gar nicht leisten können, auch wenn sie für fast alle zugesagten Design-Leistungen einen kenne, der einen kennt, der einen kennt, der das macht. Selbst wenn es sich bei jenem um Leonardo da Vinci persönlich handeln würde – der Informationsverlust bei diesem Verfahren der kontinuierlichen Delegation an Subunternehmer ist zu groß.

Vielleicht haben Sie eine Anzeige aufgegeben und sitzen jetzt da mit rund 100 Zuschriften? Oder Sie fanden eines der Angebotsschreiben, die Ihnen täglich mit der Post ins Haus kommen, so sympathisch, daß Sie Kontakt aufnehmen wollen? Warum nicht, denn, daß nur wirbt, wer's nötig hat, glauben Sie ja selbst nicht. Und eine überzeugende Selbstdarstellung, ein gutgegliedertes Leistungsversprechen, setzt immerhin einen relativ hohen Grad an Organisiertheit voraus. Das wissen Sie aus dem eigenen Unternehmen, und schauen Sie auch mal ins Internet.

Nun haben Sie einige Adressen, und die Fragen, die Sie zu stellen haben, werden konkreter. Eine Grundregel vorweg: Besuchen Sie persönlich alle Anbieter, von denen Sie meinen, daß sie aufgrund ihres Leistungsversprechens in Frage kommen. Die Vergabe von

4.

Entwicklungsaufträgen ist nicht nur eine Investition an Kapital.
Ihre erste Investition sollte Vertrauen in Menschen sein. Dieses
Vertrauen muß sich auf etwas gründen, auch auf Augenschein
und den persönlichen Eindruck, den Sie von Ihrem künftigen De-
sign-Partner gewinnen. Die wichtigsten Kriterien, auf die Sie dabei achten sollten, um sich Enttäuschungen zu ersparen, habe ich
in der folgenden Checkliste zusammengefaßt:

Checkliste zur Auswahl des Designers:

•   Mit welchen Firmen hat der Designer bisher zusammengear-
    beitet? Lassen Sie sich Referenzlisten zeigen, fragen Sie dort
    auch mal nach.

•   Arbeitet der Designer für Auftraggeber aus unterschiedlichen
    Produktbereichen? Wenn ja, ist es Ihr Glück. Je größer die
    Branchenvielfalt, um so höher ist bei Ihrem Partner im allge-
    meinen der Stand des Know-how. Sie profitieren von der
    Möglichkeit des Problemlösungstransfers.

•   Ist der Betrieb des Designers gut ausgestattet mit Mitar-
    beitern, auch und besonders im technischen Bereich? Diese
    Frage ist sehr wichtig bei Anbietern, die Ihnen "full service"
    versprechen. Besichtigen Sie den Betrieb. Lassen Sie sich nicht
    mit dem Argument abspeisen, man arbeite an geheimen
    Dingen. Derartiges kann man zudecken. Stellen Sie fest, wie
    viele Subunternehmen beteiligt sind. Daß Design-Entwick-
    lungsbüros in Detailbereichen mit Subunternehmen arbeiten,
    ist normal (vor allem im Bereich des Funktionsmodell- und
    Prototypenbaus). Wenn Sie aber einen komplexen Entwick-
    lungsauftrag vergeben wollen, sollten Sie sicher sein, daß die
    wichtigsten Schritte: Produktanalyse, konstruktive und ferti-

gungstechnische Lösungen sowie Produktästhetik und Ergonomie von einem Team erbracht werden, das unter einem Dach sitzt.

- Klappt die Kommunikation? Die Zusammenarbeit mit einem externen Entwicklungspartner bedingt ein hohes Maß an Offenheit. Sie müssen das Gefühl haben, daß die Vertrauensbasis stimmt. Zu dieser Vertrauensbasis gehört auch die Geheimhaltung. Im allgemeinen kann man sagen, daß sie bei einem externen, an der weiteren Zusammenarbeit interessierten Designunternehmen meist besser gewährleistet ist als im eigenen Haus, über das die Konkurrenz in der Regel ebensoviel weiß, wie Sie von der Konkurrenz, und das ist, wenn Sie auf Draht sind, eine ganze Menge.

- Bietet Ihnen der Partner ein überzeugendes und transparentes Verfahren der Auftragsabwicklung an? Eines, bei dem Sie jederzeit überprüfen können, wie der Stand der Entwicklung ist, so daß Sie nicht voller Spannung auf die große Bescherung warten, die dann vielleicht wirklich eine große Bescherung ist? Jeder Entwicklungsauftrag läßt sich in einzelne Arbeitsschritte mit genauen Zeitangaben zerlegen und dementsprechend abrechnen. Das bietet Ihnen die Möglichkeit, gegebenenfalls auch von einer bestimmten Entwicklungsstufe an das Projekt wieder ins eigene Haus zu holen oder sogar, wenn Sie die Rahmendaten haben, abzubrechen, ohne daß es zwischen Ihnen und dem Entwicklungspartner zu Streitigkeiten über das Honorar und die übrigen Kosten kommen muß.

Wenn Sie all diese Fragen positiv beantworten können, haben Sie Ihren Partner gefunden.

4.

Jetzt kommt der Zeitpunkt, an dem dieser Partner etwas von Ihnen verlangen muß. Zum ersten: absolute Offenheit. Sagen Sie
ihm, wo Ihre Probleme liegen, wie Ihre Marktanteile sind, wel-
ches Ihre kurz- und längerfristigen Zielvorgaben sind. Zeigen Sie
ihm Ihren Betrieb, Ihre Fertigung. Machen Sie ihn mit Ihren wichtigsten Mitarbeitern bekannt. Er soll Ihre verlängerte Werkbank
sein, behandeln Sie ihn also als dem Haus zugehörig.

Zum zweiten: Gestehen Sie dem neuen Partner eine gewisse Ein-
arbeitungszeit zu. Das gilt vor allem für Firmen, die selbst über
gutausgebaute Entwicklungsabteilungen verfügen und denen die
verlängerte Werkbank "Entwicklungsspitzen" abbauen soll. Ihre
Leute sind mit der Aufgabenstellung des von Ihnen vertretenen
Produktionsbereichs seit Jahren vertraut. Schaffen Sie die Möglichkeit, daß der externe Entwicklungspartner das Know-how ihres
Teams, soweit es für die Aufträge notwendig ist, schnell erreicht.

Zum dritten: Nehmen Sie sich die Zeit, zusammen mit Ihrem neu-
en Partner das sogenannte "Pflichtenheft" anzulegen, über das
bereits ausführlich gesprochen wurde.

Ausschreibungen und Wettbewerbe

Einige Firmen vergeben Aufträge nach der eingeschränkten oder
begrenzten Ausschreibung und bitten eine Reihe von Designern/
Designbüros um Angebote. Das ist ein nicht unübliches Verfahren, und ich will diesem Thema daher einen eigenen Abschnitt
widmen. Eine solche Ausschreibung kostet Geld, und zwar, wenn
es eine faire sein soll, mehr als die meisten Auftraggeber dafür
aufzuwenden bereit sind. Viele dieser Ausschreibungen sind
leider von jeglicher Kenntnis des Designprozesses ungetrübt und

die darin enthaltenen Bedingungen und Vergütungen nur als haarsträubend zu bezeichnen.

Ein fränkischer Elektrogerätehersteller beispielsweise beschrieb in einer derartigen Ausschreibung nicht nur die Leistungsmerkmale des Produktes und forderte dafür eine Preiskalkulation, sondern verlangte gleich dazu das Designkonzept. Kostenfrei versteht sich. Auch busse design ulm war von diesem Unternehmen aufgefordert worden, teilzunehmen – was wir jedoch dankend ablehnten! Das Designkonzept ist der eigentliche Arbeitsbereich des kreativen Designers und der wesentliche Kostenfaktor der Designentwicklung. Für die Ausführung selbst ist der Designer nicht mehr dringend erforderlich.

So unverschämt diese Ausschreibung auch war: Das Unternehmen fand tatsächlich eine Reihe offenbar unterbeschäftigter Designer, die sich auf diesen skandalösen Deal einließen. Ein Deal, dessen Gewinner nicht etwa, wie bei einem seriösen Wettbewerb, einen ordentlichen Schnitt gemacht hätte, für den das Risiko lohnend war – keineswegs. Die "Gewinner" durften lediglich weiterarbeiten. Gut möglich, daß die Firma das meiste danach ohnehin selbst gemacht hat, weil das kein Kunststück mehr ist. Das großzügige Angebot, jedem Verlierer zum Trost ein Gerät der laufenden Fertigung zu schenken, kann nur als zynisch bezeichnet werden.

Um keine Mißverständnisse aufkommen zu lassen: Grundsätzlich ist gegen Designwettbewerbe, und dazu gehören auch Werbeagentur- und Architekturwettbewerbe, nichts einzuwenden, sofern sie nach den bekannten Regeln der Verbände oder Kammern durchgeführt werden. Das muß gewährleistet sein, denn alles andere sind Schnorrer- und Ausbeuterwettbewerbe.

4.

Zu den Organisatoren dieser Schnorrerwettbewerbe gehören nicht nur kleine und mittelständische Firmen, sondern hin und wieder sogar so bekannte wie die Bundespost, die seinerzeit den Telefonhäuschenwettbewerb unter geradezu grotesken Bedingungen veranstaltet hatte. 20 renommierte Designer wurden eingeladen, einen Entwurf für ein neues Telefonhäuschen vorzulegen. Es gab ein dickes Pflichtenheft und eine "Vergütung" von DM 2.000 für die Teilnahme sowie ein Preisgeld von insgesamt DM 8.000 im Siegesfall. Das bedeutet, daß 20 Designer um DM 8.000 kämpften! Als wir mit dem Lachen fertig waren, machte ich meinem Unmut in deutlichen Worten in einem Schreiben an den Bundespostminister Luft. Ich wurde daraufhin vom Wettbewerb ausgeschlossen. Ganz unbeeindruckt blieben die Organisatoren aber nicht. Sie verdoppelten daraufhin die Teilnahmevergütung auf 4.000, das Preisgeld auf DM 16.000. Das Ergebnis war: Richard Sappers Entwurf für das Altstadthäuschen und der Entwurf für das Säulenhäuschen wurden angenommen – kein Entwurf jedoch für das Standardhäuschen, der Rest war unbrauchbar. Daraufhin veranstaltete die Post unter den sieben deutschen Herstellern von Telefonhäuschen einen neuen Wettbewerb. Die Kostenbeteiligung betrug diesmal DM 150.000 je Teilnehmer, auch wir machten einen Entwurf für Quante. Und haben gewonnen. Die Honorierung war in Ordnung.

Warum sind solche "Schnorrerwettbewerbe" so verwerflich? Weil Designer, im Gegensatz zu Agenturen, Architekten und Künstlern nach Abschluß des Wettbewerbs kaum Chancen haben, durch Weiterarbeit, d. h. wie bei Architekten und Künstlern durch die Errichtung des Werks und bei Agenturen durch Ausführungsaufträge wie Anzeigen, Plakate, Filme usw. die entstandenen Kosten wieder einzuspielen. Designwettbewerbe, von Unternehmen veranstaltet mit dem Ziel, Ideen oder Produktvorschläge zu erhalten, werden daher nicht ohne Grund von Designern, Studenten, Dozenten und Verbänden sehr kritisch betrachtet: Die Vermutung liegt nahe, daß sich Firmen preisgünstig mit neuen Ideen eindecken wollen, ohne die geistige Leistung des Designers angemessen zu honorieren.

Um einer Beschimpfung als Designschnorrer zu entgehen, gibt es eine Reihe von Firmen, die glauben, den Stein der Weisen gefunden zu haben, dadurch daß sie mehrere Designer auffordern, für ein und dieselbe Sache ein Design-Konzept zu entwickeln, und sie erklären sich auch bereit, die Kosten hierfür im vollen Umfang zu übernehmen. Ja, sogar im Falle der Akzeptanz ein Designhonorar zu zahlen. Selbstverständlich soll der Sieger dann auch die „Restarbeit" wie Modellbau, eventuelle Konstruktionsarbeiten usw., übernehmen dürfen. Diese Restarbeit ist eine äußerst unsichere Angelegenheit, denn sie kann jederzeit von hauseigenen Kräften übernommen werden. Für den Auftraggeber kann diese Methode aber auch Probleme machen, wie ich es bereits zweimal erlebt habe. Denn wenn zwei oder mehr Designer am selben Objekt arbeiten, kann es zu nahezu identischen Lösungen kommen. Wer erhält jetzt das Erfolgshonorar? Wer darf denn jetzt weiterarbeiten? In einem Falle mußte die Firma das doppelte Designhonorar (Erfolgshonorar) zahlen, nämlich an beide, und die Designer stritten sich jahrelang darum, wer sich denn nun als Urheber ausgeben darf.

In einem anderen Fall ging es um eine Detaillösung, die sicherlich vor dem Kadi gelandet wäre, wenn nicht der auftraggebende Unternehmer hätte beweisen können, daß er just diese Detaillösung schon zu Beginn der Verhandlungen angesprochen bzw. empfohlen hatte. Kurzum, auch bei diesem Verfahren sind urheberrechtliche Auseinandersetzungen, d. h. Prozesse programmiert. Daher mein Vorschlag: Suchen Sie sich einen Designer auf-

4.

grund seiner Leistung aus, und arbeiten Sie nur mit diesem einen zusammen oder aber, wenn Sie unbedingt testen wollen, geben Sie zwar eine identische Aufgabe, aber von einem Produkt, das Sie gar nicht herstellen wollen und werden. Und das sagen Sie auch und können das Erfolgshonorar sparen, denn der Ausgesuchte weiß ja, daß Sie in Zukunft nur und ausschließlich mit ihm zusammenarbeiten werden.

Wie ein fairer Designwettbewerb aussehen kann und aussehen sollte, das will ich an einem Beispiel demonstrieren. Vor einigen Jahren hatte mich die Firma Klöckner-Moeller damit beauftragt, einen Designwettbewerb zu organisieren. Ich übernahm diese Aufgabe gern, weil der Veranstalter bereit war, diesen Wettbewerb zu fairen Bedingungen durchzuführen. Das bedeutet zunächst, daß die Richtlinien der internationalen Designerverbände ICOGRADA, ICSID und IFI penibel eingehalten werden, die finanzielle Ausstattung mindestens um 50% höher liegt, als wenn dieser Auftrag von einem professionellen Designer abgewickelt würde und schließlich wenigstens 40% der Gesamtsumme an die Teilnehmer als Honorar oder Preisgelder gezahlt werden. All diese Voraussetzungen wurden von Klöckner-Moeller ohne Einwände oder Abstriche erfüllt. Dies ist besonders hoch zu bewerten, weil es dem Veranstalter gar nicht darum ging, Ideen zu erzielen, die kurzfristig umgesetzt werden konnten. Gewünscht war statt dessen, Ideen zu erhalten, die (nur) deutlich machen sollten, wie solche Erzeugnisse und Systeme irgendwann einrnal aussehen könnten. Eine Investition in die Zukunft also, darüber hinaus eine Imagemaßnahme, um Klöckner-Moeller als designorientiertes Unternehmen zu präsentieren und Förderung für Nachwuchsdesigner zu betreiben.

Der Wettbewerb war auf drei Hochschulen begrenzt, und er sollte als Semesterarbeit hochschulbetreut ablaufen. Die Auswahl der je-

weils fünf teilnehmenden Studenten oblag dem betreuenden Dozenten. Diese Voraussetzung in Verbindung mit Honorar und
Preisgeldern sorgte für höchste Motivation der Teilnehmer, was
auch am Ergebnis abzulesen war: Obwohl nur Zeichnungen gefordert waren, wurden von den Wettbewerbern, einerlei ob Einzelkämpfer oder Team, maßstabgetreue Modelle in erstklassiger Ausführung abgegeben. Die Jury, unterstützt vom Sachverständigen,
war ebenso wie Veranstalter und Organisator, vom Ergebnis begeistert und mußte hart arbeiten, um aus den eingereichten Arbeiten die drei Besten herauszusuchen. Wie sehr gerungen wurde,
zeigte sich auch daran, daß statt eines zweiten und dritten Preises
zwei zweite Preise vergeben wurden.

Den Ausschreibungstext möchte ich im folgenden als Beispiel im
vollen Wortlaut wiedergeben sowie eine Zusammenstellung der
Kosten, die für das Unternehmen damit verbunden waren.

Klöckner-Moeller Design-Wettbewerb 1991
Ausschreibung

Präambel

Die Klöckner-Moeller GmbH ist eines der international bedeutendsten Unternehmen der Elektro- und Elektronikbranche. Mit
seinen mehr als 9000 Mitarbeitern ist Klöckner-Moeller überall
dort tätig, wo es um elektrische und elektronische Geräte,
Systeme und Anlagen zur Automatisierung und Energieverteilung
geht. In mehr als 90 Jahren hat sich das Unternehmen, das im
Geschäftsjahr 1989/90 einen Jahresumsatz von DM 1,29 Milliarden verzeichnete, zum Spezialisten mit breiter Programmpalette
und anerkannten Problemlöser entwickelt. Dabei gewährleisten
23 Fertigungsstätten und mehr als 350 Vertriebsbüros in aller
Welt, daß Klöckner-Moeller seinen Kunden einen Komplettser-

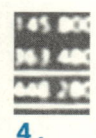

vice anbieten kann: von der Beratung und Planung bis zur Projektierung und Installierung von Anlagen.

Klöckner-Moeller veranstaltet diesen Wettbewerb unter Zugrundelegung der Wettbewerbsrichtlinien der Designer-Verbände ICOGRADA/ICSID und IFI, für deren Einhaltung Rido Busse verantwortlich zeichnet, der auch als Vermittler zwischen Veranstalter, Jury und Teilnehmern tätig ist.

Aufgabenbeschreibung

Klöckner-Moeller sucht Designideen für das im Pflichtenheft beschriebene Projekt. Die Ideen sollen in Form von farbigen Skizzen bzw. Renderings und/oder 1:5 Modellen präsentiert werden.

Teilnahmebedingungen

Es handelt sich um einen begrenzten Wettbewerb, d. h. maximal 5 Designstudenten oder -studentinnen (die auch Zweierteams bilden können) aus den letzten Semestern der

* Kunsthochschule Berlin-Weißensee, Projektbeauftragter Dozent Dietmar Palloks,
* Fachhochschule Darmstadt, Fachbereich Gestaltung, Projektbeauftragter Professor Horst Brüning und
* Staatlichen Akademie der bildenden Künste, Stuttgart, Abteilung Investitionsgüterdesign, Projektbeauftragter Professor Erich Slany

werden aufgefordert, an diesem Wettbewerb teilzunehmen. Die Auswahl trifft der Projektbeauftragte der jeweiligen Hochschule. Jeder der Teilnehmer/innen erhält DM 2.000 als Kostenbeitrag. Mit diesem Betrag soll ein Besuch im Vertriebszentrum der jeweiligen Region zur Entgegennahme und Erläuterung des Pflichtenheftes abgegolten und ein Teil der Entwurfsarbeit vergütet werden. Zweierteams werden zusammen mit DM 4.000 honoriert. Sollten die Entwürfe patent- oder gebrauchsmusterfähige Ideen enthalten, wird gemäß Arbeitnehmererfinderrecht abgefunden bzw. vergütet, sofern angemeldet wird. Sollte der Entwurf komplett in die Produktion übernommen werden, wird ein einmaliges Honorar in Höhe von DM 30.000 gezahlt, bei Detailübernahmen entsprechend weniger. Beratende Unterstützung durch den Preisträger oder die Preisträgerin bis zur Produktionsreife wird ohne zusätzliche Honorierung erwartet. Darüber hinausgehende Entwicklungsarbeit wird nach Stundenaufwand vergütet, ebenso die Reisekosten. Vorrecht auf Reproduktion und Produktion verbleibt beim Veranstalter. Eine Verpflichtung zur Produktion besteht nicht.

Da die Jury völlig unbeeinflußt ihre Aufgabe erfüllen soll, sind alle einzureichenden Arbeitsunterlagen mit einer fünfstelligen alphanumerischen Kennung zu versehen. Diese Kennung soll zusammen mit Teilnehmernamen und dem Namen der Hochschule in einem verschlossenen Umschlag, der auch die Kennung trägt, den Unterlagen beigefügt werden. Dieser Umschlag wird erst nach der Jurierung und definitiven Preisfestlegung vom Juryvorsitzenden im Beisein der Juroren geöffnet.

Für die 2D-Darstellung ist Cansonkarton, grau-meliert, in Größe DIN A 2 zu benutzen, und es muß ein umlaufender Rand von 5 cm freigelassen werden. Kennung auf der Rückseite anbringen. Wird andersfarbiges Papier bevorzugt, so ist es möglich, daß der freibleibende Innenraum des Kartons mit diesem Papier beklebt werden kann, so daß der grau-melierte Karton nur als Passepartout dient.

Für fachliche und administrative Fragen steht im Hause Klöckner-Moeller Klaus Baumhardt, Telefon 0228/602 217, und im Institut busse design ulm Rido Busse, Telefon 07308/8180, zur Verfügung.

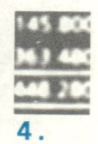

4.

Der Ausschreibung ist eine Teilnahmeverpflichtung beigefügt, die im Falle der Teilnahme an Klöckner-Moeller geschickt wird. Weiterhin eine Urhebererklärung.

Die Arbeitsergebnisse sind Eigentum von Klöckner-Moeller, ohne daß sich damit Verwertungsrechte verknüpfen.

Von der Teilnahme am Wettbewerb sind Angehörige vom Veranstalter, von den Juroren und dem Vermittler ausgeschlossen.

Termine:

Zur Entgegennahme und Erläuterung des Pflichtenheftes ist geplant, die

- Berliner Studenten am 22.4.91 um 10 Uhr in das Vertriebszentrum Berlin, Ullsteinstraße 87,
- die Darmstädter Studenten am 15.4. um 10 Uhr in das Vertriebszentrum Mannheim, Helmertstraße 17,
- und die Stuttgarter Studenten am 16.4. um 10 Uhr in das Vertriebszentrum Stuttgart, Untere Waldplätzle 35, Stuttgart-Vaihingen

einzuladen. Die Fahrtkosten übernimmt Klöckner-Moeller auf Nachweis.

Die Wettbewerbsergebnisse werden im Institut busse design ulm juriert und sind bis zum 2.9.1991 dorthin zu senden. Versand- und Verpackungskosten sind vom Teilnehmer zu tragen.

Die Jury tagt am 13. und 14. September 1991.

Die Verleihung findet am 23.10.1991 in Bonn statt. Die Preisträger erhalten hierzu eine Einladung. Die Fahrtkosten übernimmt der Veranstalter.

Die Juroren sind

- Prof. Ulrich Burandt, Universität Gesamthochschule Essen
- Karl-Heinz Krug, Diplom-Designer, Herausgeber und Chefredakteur der Zeitschrift "form", Leverkusen
- Dr. Eckart Lennemann, Geschäftsführer der Klöckner-Moeller GmbH, Bonn
- Ilse Moeller-Seidel, Mitglied des Vorstands der Moeller-Stiftung Holding & Co. KG, Bonn
- Michael Tinius, Chefdesigner, busse design ulm gmbH, Elchingen
- Rido Busse, Vermittler zwischen Jury, Teilnehmern und Veranstalter (nichtstimmberechtigtes Mitglied der Jury).

Preise

1. Preis DM 20.000
2. Preis DM 7.000
3. Preis DM 3.000

Veranstalter

Klöckner-Moeller Elektrizitäts GmbH
Postfach 1880
5300 Bonn 1
Tel. 0 228-602 0

Organisator

busse design ulm gmbh
Nersinger Straße 18
7915 Elchingen 3
Tel. 0 73 08-818 0

4.

Gewinner des Wettbewerbs waren damals Andreas Reuter von der Kunsthochschule Berlin-Weißensee, Jochen Hilmer von der FH Darmstadt und Jörg Metz, ebenfalls von der Kunsthochschule Berlin-Weißensee.

Wettbewerb-Kostenschätzung

Entwurfshonorar für die 15 Studenten	DM 30.000,00
zu erwartende Reisespesen ca.	DM 1.000,00
Jury: Honorar für 6 Juroren	DM 6.000,00
Hotel, Verpflegung, Reisespesen ca.	DM 6.000,00
Einsendungen sammeln, sichten, ausstellen und für die Jury vorbereiten, sowie Abbau, verpacken, Transport zu Klöckner-Moeller (diese Kosten fallen an, wenn bei busse design ulm juriert wird)	DM 3.000,00
Preise	DM 30.000,00
Reisekosten Rido Busse (Berlin, Wiesbaden, Stuttgart, sofern sie mit anderen Aktivitäten verbunden werden können)	DM 2.000,00
Organisationshonorar busse design ulm (Erstellung aller Ausschreibungsunterlagen sowie Urkunden, Organisation der Jurierung, Terminplanung usw.)	DM 10.000,00

Weiterhin Kosten, die bei
Klöckner-Moeller entstehen, wie
Kosten für Reisen nach Berlin,
Darmstadt, Wiesbaden zu den
Vertriebszentren   DM   6.000,00

Organisation, Aufbau und Unterhalt
der Ausstellung, Preisverleihung,
Bewirtung ca.   DM 15.000,00
                                    _____

insgesamt   DM 109.000,00

Sollte ein Entwurf komplett in
die Fertigung gehen, einmaliges
Designerhonorar   DM 30.000,00

Bei Detailübernahme entsprechend weniger (wird nichts übernommen, fallen auch keine Kosten an)

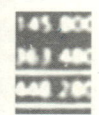

5. Erfolgsfaktor Design

Immer mehr Unternehmer machen die Erfahrung, daß innovatives Design ein hervorragendes Marketinginstrument ist. Ich nenne hier nur das Stichwort Bang & Olufsen im HiFi-Bereich, Erco im Lichtsektor, Rotpunkt Isolierkannen oder Merten Schalter und Steckdosen. Für hochpreisige Produkte, gerade im High-Tech-Bereich, wird eine innovative Produktästhetik (die die Leistung der Techniker sozusagen visuell ablesbar macht) für die Käufer immer entscheidender. Aber selbst beim Massenprodukt wird Design zur absatzstrategisch lohnenden Investition. Wie sonst soll sich ein Produkt heute noch im Meer der Austauschbarkeit behaupten?

Irrig wäre es nun freilich, zu meinen, es seien grundsätzlich Designer, von denen die erfolgreichsten Produktvorschläge kommen. Der sicherste Garant für Erfolg in dieser Hinsicht ist immer noch ein guter Draht zur Kundschaft. Das ist das Ergebnis einer Untersuchung, die die vielen Flops (über 80% aller neu eingeführten Produkte) mit den wenigen Rennern verglich. Von 100 Produktvorschlägen, so zeigt sich, die aus den Reihen der Kundschaft kamen, waren bis zu 80% erfolgreich, solche aus den Reihen des Marketings zu 50% und solche aus der Abteilung Forschung und Entwicklung nur zu 20%.

Dabei behaupten sich neue Produkte mit innovativem Wertkern ungleich besser als die vielen Me-too-Varianten, zu denen es nach Meinung eines versierten Marktforschers (Peter Carlberg von der McCann-Erickson in Frankfurt) vor allem deshalb kommt, weil viele Unternehmen das falsche Problem im Auge haben. "Zu viele Hersteller wollen das Problem lösen, das sie mit dem Handel haben, und lösen dabei nicht das Problem, das der Handel mit dem Verbraucher hat."

Lassen Sie uns zur Verdeutlichung in die späten 20er Jahre zurückblicken. Damals formulierte Walter Gropius, Gründer und Leiter des Deutschen Bauhauses: "Der moderne Mensch, der sein modernes, kein historisches Gewand trägt, braucht auch moderne, ihm und seiner Zeit gemäße Wohngehäuse mit allen der Gegenwart entsprechenden Dingen des täglichen Gebrauchs. Ein Ding ist bestimmt durch sein Wesen. Um es so zu gestalten, daß es richtig funktioniert – ein Gefäß, ein Stuhl, ein Haus – muß sein Wesen zuerst erforscht werden, denn es soll seinem Zweck vollendet dienen, d. h.: Es soll seine technische Funktion praktisch erfüllen, haltbar, billig und schön sein. – Diese Wesensforschung führte zu dem Ergebnis, daß durch die entschlossene Berücksichtigung aller modernen Herstellungsmethoden, Konstruktionen und Materialien Formen entstehen, die, von der Überlieferung abweichend, oft ungewohnt und überraschend wirken."

Jahre später, formulierte in den USA Raymond Loewy: "Von zwei Produkten, die gleich sind im Preis, in technischer Funktion, in der Qualität, wird sich das schönere besser verkaufen lassen." Wesensforschung in Deutschland – Marktforschung in den USA. Zu unterschiedlich begann in diesen beiden Industrienationen die Geschichte der industriellen Formgebung. Ist das ein Nachteil? Ich meine, nein. Die ethisch-moralische Komponente des deutschen Designs verkörpert u. a. im Werkbund, im Bauhaus und in der Hochschule für Gestaltung in Ulm diese Orientierung an den Idealen der Funktionalität, der Ehrlichkeit, der Materialgerechtigkeit, der Sparsamkeit, Nüchternheit und Unauffälligkeit. Sie hat ja durchaus Designqualität hervorgebracht. Designqualität, die im Ausland längst zum deutschen Markenzeichen geworden ist. In

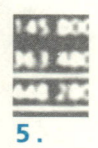

5.

den USA z. B. ist "eurostyle" der große Trend. Nicht nur bei den Autos, sondern auch im Bereich der Innenausstattung. Und was die Liebe zum Detail, die hohe Verarbeitungsqualität, die Zuverlässigkeit und eben dieses "je ne sais quoi", den Stil, das Durchdachte, Klare, die Ablesbarkeit von Qualität und Funktionstüchtigkeit betrifft, brauchen wir uns vor niemandem zu verstecken.

In merkwürdigem Kontrast zu dieser internationalen Anerkennung steht die Wertschätzung des deutschen Designs im eigenen Lande. Es ist "in", im deutschen Design nur Biedersinn und Langweiligkeit zu sehen – und bei den Italienern das ganze Füllhorn der Kreativität. Wenige, die so denken und reden, machen sich klar, daß Design in diesen beiden Ländern unter ganz unterschiedlichen Voraussetzungen entsteht, ganz unterschiedlich verwertet wird.

Was macht denn Schlagzeilen? In den letzten Jahren waren das ja nicht die Gestaltungsleistungen der Industriedesigner, die für die italienischen großen Unternehmen arbeiten, etwa für Olivetti oder Fiat, nein, es waren Kleinstserien von Gruppen und Einzelnen, die quasi manufakturell jenseits der industriellen Produktionsketten und Absatzstrategien entstanden und die ein Klima, einen Trend, die Schlagzeilen machen wollen, aber keine Serienerzeugnisse. "Banaldesign", "Studio Alchimia", "Memphis", "Mailand", allesamt als Gruppe längst wieder von der Bildfläche verschwunden, haben geschafft, was sie sich vorgenommen haben. Doch was die Initiatoren, allen voran der eloquente Ettore Sottsass, über die Medien gekonnt vermarkteten, läuft längst Gefahr, zur billigen Kopie zu werden, mit der sich Dilettantismus im Gestalterischen modisch aufputzt.

Auch in der Bundesrepublik schießen sie wie Pilze aus dem Boden: Die Gruppen und Grüppchen, die einen Designbeitrag lei-

110

sten wollen, indem sie alle bisher gültigen Designregeln auf den Kopf stellen. Halb Wegwerfmöbel wie Woolworth-touch-Banalität ist Trumpf – halb "reine Kunst", zweckfreies Spiel – Hauptsache, die Ausstellungsmacher interessieren sich und die Medien. Auf die Hersteller kann und muß nach Lage der Dinge verzichtet werden, denn sie wollen merkwürdigerweise immer noch Stühle, auf denen man sitzen kann.

Als Design-"Oldtimer" sehe ich diesem Treiben mit großer Gelassenheit zu. Erstens kann es nicht schaden, wenn mal ein bißchen Durchzug veranstaltet wird in der Design-Szene, zweitens wird sich die Inflation von Ideen, das modische Auf- und Untergehen von Trendsettern schon von selbst regulieren. In Italien jedenfalls gibt es inzwischen genug prominente Designer, die sich weigern, weiterhin vor den PR-Karren gespannt zu werden. So zum Beispiel Adolpho Natalini von der Florentiner Gruppe "Super Studio". "Wir haben nichts dagegen, mit Firmen zusammenzuarbeiten", sagte er in einem Interview, "aber nur dann, wenn es wirklich industriell organisierte Produktionsprozesse sind, und wenn die ganze Sache für uns interessant ist, d. h., wir weigern uns, kleine Auflagen oder Kunstobjekte herzustellen. Na gut, ich kann Kunst-Objekte reproduzieren, aber dann mache ich es selbst, stelle ein Modell her und lasse in einer Gießerei fünf weitere Exemplare gießen. Ich brauche keine Firma, um 15 Exemplare eines Prototyps herstellen und vermarkten zu lassen, das ist Zeitverschwendung."

Designer, die sich weniger als "Künstler" denn als Partner des Unternehmens sehen, als Dienstleister, die einen wesentlichen Beitrag zum Markterfolg leisten können, bringen vielleicht weniger spektakuläre Produkte hervor, die sich medienwirksam vermarkten lassen. Aber sie bringen Produkte hervor, die die Bedürfnisse des Käufers erfüllen und auf lange Sicht ihre Marktposition behaupten.

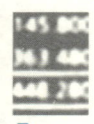

5 .

Vor 20 Jahren hat busse design ulm den **busse longlife design award** gestiftet, um Verbrauchern und Handel zu zeigen, daß Designer und Unternehmer nicht nur an kurzlebigen Produkten interessiert sind. Im Gegenteil: Sie wissen längst, daß Produkte mit langer Marktpräsenz Ressourcen sparen und Gewinne optimieren. Der busse longlife design award zeichnet Produkte aus, die mindestens acht, längstens 40 Jahre auf dem Markt präsent sind und einen Umsatz von 2 Millionen DM oder eine Stückzahl von 100.000 Exemplaren erreicht haben. Der Preis wird alle drei Jahre vergeben. Zu den ausgezeichneten Produkten gehören, um nur einige Beispiele zu nennen: Vier-Sterne-Messer von Zwilling, Stihl-Sägen, der Mero-Knoten, die Hoesch-Badewanne, die Tizio-Leuchte und der Weidmüller-Elektroschrauber.

Die Unternehmen stehen heute unter einem Effizienz- und Erfolgsdruck, der die Zusammenarbeit mit externen Dienstleistern in der Produktentwicklung sinnvoll und lohnend macht. Über Geld zu reden, ist wichtig, genauso wichtig wie über die Leistung, die damit eingekauft wird.

6. Anhang

**Design-Institutionen/
Bundesrepublik Deutschland**

IDZ Internationales Design Zentrum
Berlin e. V.
Rotherstraße 16
D-10245 Berlin
GF: Dr. Angela Schönberger
Tel   030 – 2 93 35 10
Fax 030 – 29 33 51 11

Design Zentrum Bremen
Am Wall 209
D-28195 Bremen
GF: Dr. Klaus Berthold
Tel   0421 – 33 88 10
Fax 0421 – 33 88 110

Design Labor Bremerhaven
Karlsburg 9
D-27568 Bremerhaven
Leiter: Thomas Erxleben
Tel   0471 – 460 01
Fax 0471 – 460 00

Design Zentrum Hessen e. V.
Eugen-Bracht-Weg 6
D-64287 Darmstadt
GF: Holger Burckhardt
Tel   06151 – 42 48 81
Fax 06151 – 461 13

Institut für Neue Technische Form
Eugen-Bracht-Weg 6
D-64287 Darmstadt
GF: Michael Schneider
Tel   06151 – 4 80 08
Fax 06151 – 4 65 53

Designzentrum Sachsen i. G.
Grüne Straße 16
D-01067 Dresden
GF: Viola Hößelbarth
Tel   0351 – 8 67 16 38
Fax 0351 – 8 67 16 39

Design Zentrum
Nordrhein Westfalen
Gelsenkirchener Straße 181
D-45309 Essen
Tel   0201 – 30 10 40
Fax 0201 – 30 10 440
email   design_germany@compuserve.com
Internet   http://www.design-germany.de

Rat für Formgebung/
German Design Council
Postfach 15 03 11
D-60063 Frankfurt/Main
GF: Dieter Kretschmann (komm.)
Tel   069 – 74 79 19
Fax 069 – 7 41 09 11
email   german-design-council@ipf.de
Internet   http://www.euro-design-guide.de

Deutscher Werkbund
Braubachstraße 33a
60311 Frankfurt/Main
GF: n. n.
Tel   069 – 29 06 58
Fax 069 – 2 97 99 91

Design-Zentrum Thüringen e. V. i. G.
Rathenauplatz 6
D-99432 Weimar
GF: Hansjoachim Gundelach
Tel   03643 – 87 110
Fax 03643 – 87 11 11

iF Industrie Forum Design
Hannover e. V.
Messegelände
D-30521 Hannover
GF: Ralph Wiegmann
Tel   0511 – 8 93 24 00
Fax 0511 – 8 93 24 01
email   info@ifdesign.de
Internet   http://www.ifdesign.de

Design Zentrum München
Richard-Strauss-Straße 82
D-81769 München
GF: Hans Hermann Wetcke
Tel   089 – 92 21 23 11
Fax 089 – 92 21 23 49

Design Forum Nürnberg e. V.
Stadtmauerturm Marientorgraben 8
D-90402 Nürnberg
GF: Iris Laubenstein
Tel   0911 – 2 44 80 84
Fax 0911 – 2 44 80 89
email designforum.nbg@t-online.de

Design Center Stuttgart
Landesgewerbeamt Baden-Württemberg
Willi-Bleicher-Straße 19
D-70174 Stuttgart
GF: Herr Dr. Berger
Tel   0711 – 1 23 26 86
Fax 0711 – 29 79 33

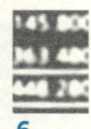

Design Initiative Nord e. V.
c/o Carl Nürnberger
Carlstraße 187
D-24537 Neumünster
Tel   04321 – 5 13 43
Fax   04321 – 5 34 80

Designinitiative Brandenburg-Berlin e. V.
Institut an der Fachhochschule Potsdam
Pappelallee 8-9
D-14469 Potsdam
Tel   0331 – 5 80 14 36
Fax   0331 – 5 80 24 99
email   wabitsch@fh-potsdam.de
Internet   http://www.design.fh-potsdam.de

Design Zentrum
Mecklenburg-Vorpommern e. V.
Werderstraße 69/71
D-19055 Schwerin
GF: Karl Heinz Burmeister
Tel   0385 – 56 52 75
Fax   0385 – 56 52 75

Design Zentrum Sachsen-Anhalt GmbH
Franzstraße 164
D-06842 Dessau
GF: Dr. Marion Diwo
Tel   0340 – 88 22 138
Fax   0340 – 88 24 140

hamburgdesign
Inge Maisch
Designbeauftragte Freie und
Hansestadt Hamburg
Wirtschaftsbehörde
Heimhuder Straße 66
D-20148 Hamburg
Tel   040 – 4 10 52 56
Fax   040 – 4 10 82 72

Designzentrum Ludwigshafen
Geschäftsstelle
Ludwigsplatz 2-3
D-67059 Ludwigshafen
GF: Christian Lutsch
Tel   0621 – 5 90 41 49
Fax   0621 – 5 90 41 72

**Design-Hochschulen und -Fachhochschulen/
Bundesrepublik Deutschland**

Fachhochschule Aachen/FB 4 Design
(Produkt- und Kommunikationsdesign)
Boxgraben 100
D-52064 Aachen
Tel   0241 – 6 00 90
Fax   0241 – 60 09 18 80

Fachhochschule Augsburg/FB Gestaltung
Henisiusstraße 1
D-86152 Augsburg
Tel   0821 – 5 58 60
Fax   0821 – 5 58 64 22

Hochschüle der Künste Berlin/
FB 3 Industrie-Design
Straße des 17. Juni 118
D-10623 Berlin
Tel   030 – 31 85 20 16
Fax   030 – 31 85 26 83

Hochschule der Künste Berlin/
FB 4 Visuelle Kommunikation
Ernst-Reuter-Platz 10
D-10587 Berlin
Tel   030 – 3 18 50
Fax   030 – 31 85 26 85

Fachhochschule für Technik und
Wirtschaft Berlin
FB Bekleidung, Kultur und Design
Warschauer Platz 6-8
D-10245 Berlin
Tel   030 – 5 80 02 86

Kunsthochschule Berlin-Weißensee
Hochschule für Gestaltung
Bühringstraße 20
D-13086 Berlin
Tel   030 – 4 71 40 61
Fax   030 – 4 71 50 82

Fachhochschule Bielefeld/FB Design
Lampingstraße 3
D-33625 Bielefeld
Tel   0521 – 1 06 24 84
Fax   0521 – 1 06 24 44

Hochschule für Bildende Künste
Johannes-Selenka-Platz 1
D-38118 Braunschweig
Tel   0531 – 3 91 91 22
Fax   0531 – 3 91 92 92

Hochschule der Künste/
FB Industrial Design
Am Wandrahm 23
D-28195 Bremen
Tel   0421 – 30 89 00
Fax   0421 – 3 08 90 45

FH Coburg, Hochschule für Technik,
Wirtschaft, Sozialwesen und
Gestaltung
Friedrich-Streib-Straße 2
D-96450 Coburg
Tel   09561 – 31 70
Fax   09561 – 31 72 57

Fachhochschule Darmstadt/
FB Gestaltung
Olbrichweg 10
D-64287 Darmstadt
Tel   06151 – 16 83 31
Fax   06151 – 16 89 00

Fachhochschule Anhalt
Abt. Dessau / FB Design
Gropiusallee 38
D-06846 Dessau
Tel   0340 – 26 47
Fax   0340 – 26 47

Fachhochschule Lippe/Abt. Detmold/
FB Innenarchitektur
Bielefelder Straße 66
D-32756 Detmold
Tel   05231 – 9 11 22 26
Fax   05231 – 91 12 10 03 79

Hochschule für Technik und Wirtschaft
FB Gestaltung/Gründungsdekan
Friedrich-List-Platz 1
D-01069 Dresden
Tel   0351 – 46 20
Fax   0351 – 4 62 21 85

Technische Universität Dresden/
Fakultät Maschinenwesen
Fachgebiet Technisches Design
Mommsenstraße 13
D-01069 Dresden
Tel   0351 – 35 43

Fachhochschule Düsseldorf/FB Design
Georg-Glock-Straße 15
D-40474 Düsseldorf
Tel   0211 – 4 35 10
Fax   0211 – 4 35 15 09

6.

Universität Gesamthochschule Essen
FB 4 Gestaltung (Industrial- und
Kommunikationsdesign)
Universitätsstraße 12
D-45141 Essen
Tel   0201 – 1 83 36 07
Fax 0201 – 1 83 27 87

Frankfurter Akademie für Kommunikation und
Design
Ostparkstraße 47-49
D-60385 Frankfurt/Main
Tel   069 – 43 99 38
Fax 069 – 4 99 05 06

Hochschule für Kunst und Design
Burg Giebichenstein
Neuwerk 7
D-06081 Halle
Tel   0345 – 3 86 81
Fax 0345 – 2 97 67

Hochschule für Bildende Künste
FB Industrial Design und
Kommunikationsdesign
Lerchenfeld 2
D-22081 Hamburg
Tel   040 – 2 98 40
Fax 040 – 29 84 32 41

Fachhochschule Hamburg /
FB Gestaltung
Armgartstraße 24
D-20095 Hamburg
Tel   040 – 2 91 88 38 26
Fax 040 – 2 91 88 33 74

Kunsthochschule Alsterdamm
Internationale Schule für Grafik-Design
Glockengießerwall 6
D-20095 Hamburg
Tel   040 – 32 71 80

Universität Hannover/
FB Kunst und Design
Herrenhäuser Straße 8
D-30419 Hannover
Tel   0511 – 27 98 20
Fax 0511 – 2 79 82 42

Technische Fachhochschule Wismar
FB Design/Innenarchitektur
Außenstelle Heiligendamm, Haus 2
Kühlungsborner Straße 16
D-23966 Heiligendamm
Tel   038203 – 7 27
Fax 038203 – 727

Fachhochschule Hildesheim/
FB Kommunikationsgestaltung
Kaiserstraße 43-45
D-31134 Hildesheim
Tel   05121 – 88 13 01
Fax 05121 – 88 11 25

Fachhochschule Hildesheim/
FB Produktgestaltung, Innenarchitektur
Am Marienfriedhof 1
D-31134 Hildesheim
Tel   05121 – 88 13 51

Fachhochschule Rheinland-Pfalz/Abt. Mainz
FB Edelstein- und Schmuckdesign
Vollmersbacher Straße 53
D-55743 Idar-Oberstein
Tel   06781 – 4 60 97

Fachhochschule Rheinland-Pfalz
Abt. Kaiserslautern/FB Innenarchitektur
Schönstraße 6
D-67659 Kaiserslautern
Tel   0631 – 7 10 86 01
Fax 0631 – 7 10 81 05

Staatliche Hochschule für Gestaltung
Karlsruhe
Durmersheimer Straße 55
D-76185 Karlsruhe
Tel   0721 – 9 54 10
Fax 0721 – 9 54 12 06

Gesamthochschule Kassel/
FB 24 Produkt-Design
Menzelstraße 13
D-34121 Kassel
Tel   0561 – 8 04 53 39
Fax 0561 – 8 04 23 30

Gesamthochschule Kassel/
FB 23 Visuelle Kommunikation
Menzelstraße 13
D-34121 Kassel
Tel   0561 – 8 04 53 31
Fax 0561 – 8 04 23 30

Muthesiushochschule
Fachhochschule für Kunst und Gestaltung
Lorentzendamm 6
D-24103 Kiel
Tel   0431 – 5 19 84 30
Fax 0431 – 5 19 84 06

Fachhochschule Köln/FB Design
Ubierring 40
D-50678 Köln
Tel   0221 – 82 75 32 04
Fax 0221 – 32 33 00

Fachhochschule für Gestaltung
Institut für Kommunikationsdesign
Seestraße 33
D-78464 Konstanz
Tel   07531 – 5 01 03
Fax 07531 – 5 71 39

Fachhochschule Niederrhein/
Abt. Krefeld
FB Design
Petersstraße 13
D-47798 Krefeld
Tel   02151 – 2 37 56
Fax 02151 – 82 20

Hochschule für Grafik und
Buchkunst Leipzig
Dimitroffstraße 11
D-04107 Leipzig
Tel   0341 – 3 91 32 11
Fax 0341 – 31 24 01

Fachhochschule Rheinland-Pfalz
Abt. Mainz I
Holzstraße 36
D-55116 Mainz
Tel   06131 – 2 39 20
Fax 06131 – 23 92 12

Städtische Fachhochschule für Gestaltung
E3, 16 (Planken)
D-68159 Mannheim
Tel   0621 – 2 93 27 74
Fax 0621 – 10 14 52

Fachhochschule Coburg-Münchberg
FB Textiltechnik und Gestaltung
Kulmbacher Straße 76
D-95213 Münchberg
Tel   09251 – 81 01
Fax 09251 – 84 28

Akademie der Bildenden Künste München
Studiengang Innenarchitektur
Akademiestraße 2
D-80799 München
Tel   089 – 3 85 20
Fax   089 – 39 56 84

Fachhochschule München
FB Gestaltung Kommunikationsdesign
Erzgießereistraße 14
D-80335 München
Tel   089 – 12 65 24 57
Fax   089 – 12 65 24 56

Fachhochschule München
FB Gestaltung Industrial-Design
Infanterie-Straße 13
D-80797 München
Tel   089 – 12 65 28 01
Fax   089 – 12 65 28 20

Fachhochschule Münster/FB Design
(Design und Visuelle Kommunikation)
Sentmaringer Weg 53
D-48151 Münster
Tel   0251 – 83 56 97
Fax   0251 – 83 56 97

Akademie der Bildenden Künste in Nürnberg
Bingstraße 60
D-90480 Nürnberg
Tel   0911 – 9 40 40
Fax   0911 – 9 40 41 50

Georg-Simon-Ohm Fachhochschule/
FB Gestaltung
Adam-Kraft-Straße 2
D-90419 Nürnberg
Tel   0911 – 37 97 00
Fax   0911 – 33 39 35

Hochschule für Gestaltung (Produkt-
Design und Visuelle Kommunikation)
Schloßstraße 31
D-63065 Offenbach/Main
Tel   069 – 8 00 59 63
Fax   069 – 88 07 91

Fachhochschule Pforzheim
Hochschule für Gestaltung, Technik und
Wirtschaft
Holzgartenstraße 36
D-75175 Pforzheim
Tel   07231 – 6 10 12
Fax   07231 – 6 92 78

Fachhochschule Potsdam
FB Gestaltung
Friedrich-Ebert-Straße 4
D-14467 Potsdam
Tel   0331 – 2 88 42 17
Fax   0331 – 2 88 42 22

Fachhochschule für Technik und
Wirtschaft
FB Textildesign
Alteburgstraße 150
D-72762 Reutlingen
Tel   07121 – 27 10
Fax   07121 – 27 12 24

Hochschule der Bildenden Künste Saar/
FB Design
Keplerstraße 3-5
D-66117 Saarbrücken
Tel   0681 – 5 86 76 02
Fax   0681 – 5 86 72 87

Hochschule für Technik, Wirtschaft und
angewandte Kunst Zwickau/Schneeberg
FB Angewandte Kunst
Ringstraße 12-14
D-08289 Schneeberg
Tel   03772 – 89 41
Fax 03771 – 89 42

Fachhochschule für Gestaltung
Rektor-Klaus-Straße 100
D-73525 Schwäbisch Gmünd
Tel   07171 – 60 26 00
Fax 07171– 69 22 59

Staatliche Akademie der Bildenden Künste
Am Weißenhof 1
D-70191 Stuttgart
Tel   0711 – 2 57 50
Fax 0711 – 2 57 52 25

Fachhochschule für Technik Stuttgart
Studiengang Innenarchitektur
Willi-Bleicher-Straße 19
D-70174 Stuttgart
Tel   0711 – 1 21 26 35
Fax 0711 – 1 21 26 66

Merz-Akademie
Teckstraße 58
D-70190 Stuttgart
Tel   0711 – 26 86 60
Fax 0711 – 2 68 66 21

Fachhochschule des
Landes Rheinland-Pfalz/Abt. Trier
FB Design
Schneidershof
D-54293 Trier
Tel   0651 – 94 90 50
Fax 0651 – 8 10 33 33

Fachhochschule des Landes
Rheinland-Pfalz/Abt. Trier
FB Kommunikationsdesign
Paulusplatz 8
D-54290 Trier
Tel   0651 – 9 49 05 18

Hochschule für Architektur und
Bauwesen Weimar
FB Design
Geschwister-Scholl-Straße 8
D-99423 Weimar
Tel   03643 – 5 80
Fax 03643 – 6 17 10

Fachhochschule Wiesbaden/
FB Gestaltung
Kurt-Schumacher-Ring 18
D-65195 Wiesbaden
Tel   0611 – 49 40
Fax 0611 – 44 46 96

Fachhochschule Würzburg-Schweinfurt
FB Gestaltung
Hans-Löffler-Straße 49
D-97074 Würzburg
Tel   0931 – 7 33 10
Fax 0931 – 8 12 73

Bergische Universität Gesamthochschule
Wuppertal
FB 5 Design
Hofaue 35-39
D-42103 Wuppertal
Tel   0202 – 4 39 81 81
Fax 0202 – 4 39 31 44

7. Register

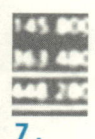

7.

Praktisch unverzichtbar:

Diese und viele andere Bücher zum
Thema Design
erscheinen im Verlag form

Weitere Titel der Praxisreihe

Hartmut Ginnow-Merkert
Designer online
Lohnt sich der Einstieg
ins Internet?

Praxis Reihe Band 1
148 Seiten, 16 farbige Abbildungen
erschienen: Mai 1997

14,5 x 21 cm
DM 48,-/ÖS 350,-/sFr 48,-
ISBN 3-931317-07-2

Das Internet ist ein junges Medium,
und die Einschätzung künftiger
Entwicklungen schwierig. Frei von
blindem Technik-Enthusiasmus und
konservativer Skepsis beschreibt
Hartmut Ginnow-Merkert knapp,
informativ und anschaulich, was das
Internet für Designer zu bieten hat.

Susanne Dechant
Kursbuch XPress
Unautorisierte Tricks und
Shortcuts
Mit einem Vorwort von
Erik Spiekermann

Praxis Reihe Band 3
ca. 160 Seiten,
ca. 150 farbige Abbildungen
enthält Übersichtstabellen
aller wesentlichen Importwege
erscheint April 1998

14,5 x 21 cm
DM 88,-/ÖS 650,-/sFr 80,-
ISBN 3-931317-53-6

Mit dem neuen XPress 4.0 behauptet Quark seine Führungsposition
unter den Layout-Herstellern. Doch
das tatsächliche Potential dieser
populären Software wird von An-
wendern nur selten ausgeschöpft.

Susanne Dechant – praktizierende
Grafikerin, versierte und überzeug-
te XPresserin – zeigt zeitsparende
Shortcuts auf, vergleicht Text- und
Bildimportmöglichkeiten und warnt
vor gängigen Fehlschlüssen.

Ein Quickfinder. Ein Index für
schnelle Leute. Ein Daumenkino,
das neben dem Bildschirm liegt.

Verlag form
Hanauer Landstraße 161
60314 Frankfurt am Main
Fon 49 (0) 69 94 33 25 - 0
Fax 49 (0) 69 94 33 25 - 25
www.form.de
e-Mail: form@form.de